Lasse Los *R*-**AUSGEFLOGEN**

Lasse Los, Jahrgang 1947, Diplom-Pädagoge, Psychologischer Berater, Liedermacher und Dichtender, kurzum: Passionierter und mittlerweile pensionierter Mitmensch, beruflich in verschiedenen sozialpädagogischen und psychologisch beratenden Feldern, auch spirituell begleitend, kreativ tätig gewesen, seit mehr als 25 Jahren seine Lebensweisheiten (ver)dichtend aktiv.

Wahrer Christ

Wenn
einer tönt, er sei
ein
Christ,
dann prüfe ihn, ob er es ist,
und lausche hin, wie er so klingt,
wenn er nicht seine Tönung singt!

Lasse Los

Die Letzten werden die Ersten sein!
Die Ersten werden die Verletzten sein.

Hanns Dieter Hüsch

Lasse Los

RAusgeflogen

Ein

bunter

Abgesang auf meinen Kreuzweg

in und aus

der

real exis-

tierenden Kirche

Bibliografische Information der Deutschen Nationalbibliothek:
Die Deutsche Nationalbibliothek verzeichnet diese Publikation in der
Deutschen Nationalbibliografie; detaillierte bibliografische Daten sind
im Internet über http://dnb.dnb.de abrufbar.

Umschlaggestaltung: Lasse Los
Edition LOS Band 3
lasselos@email.de

Herstellung und Verlag:
BoD - Books on Demand,
Norderstedt

ISBN: 978-3-7392-4493-8

Mein
Schicksal
bei Kirchens
oder:
Ein Blick Einblick

Als Täter der kritischen Explikation
so manch` einer strittigen Implikation
ein Opfer verborgener Inquisition
in einer verbogenen Institution!

Einstimmung

„R-Ausgeflogen" ist ein bunter Abgesang auf eine wichtige Phase in meinem beruflichen Engagement als Pädagoge und Psychologe in kirchlichen Diensten. Die Namen aller Beteiligten und aller Orte sind - soweit nicht anders gekennzeichnet - aus Datenschutzgründen geändert. Auch meinen bürgerlichen Namen habe ich aus Rücksicht auf alle Mitbeteiligten moduliert. Nur wer die näheren Umstände kennt, kann den Pseudonamen die echten zuordnen.

Vorwort

In meinem bisherigen Leben habe ich immer wieder „die Kunst des Scheiterns" lernen müssen, so wie sie auch Konstantin Wecker in seiner gleichlautenden Autobiografie (München 2007) schildert. Dabei wurde mir nach dem jeweiligen Kreuzweg „die heilende Kraft des Scheiterns" zu teil, wie sie Claus Eurich in seinem gleichnamigen Buch (Verlag Via Nova 2006) beschreibt.
Mein 25jähriges Engagement als hauptberuflicher kirchlicher Mitarbeiter war ein solcher langer Kreuzweg durch die Wüste einer sterbende Kirche, mit einigen Ruhepausen an Wüstenoasen und der zunehmend

abnehmenden Hoffnung, christliche Konfessionalität in kirchlicher Gewandung sei doch kein spirituelles Auslaufmodell. Ich hatte das große Glück, auf diesem beschwerlichen Wüsten(-)Weg zur Klarsicht zu gelangen, dass eine belebende christliche Spiritualität nur eine integrale transformatorische sein könne, so wie sie die Theologin Marion Küstenmacher und die beiden Theologen Werner Küstenmacher und Tilmann Haberer in ihrem Buch „Gott 9.0 - Wohin unserer Gesellschaft spirituell wachsen wird. Gütersloh 2010" herzerfrischend beschreiben und wozu der Theologe und Analytische Tiefenpsychologe Rolf Kaufmann in seinem neuesten Buch „Monotheismus – Entstehung, Zerfall, Wandlung" Stuttgart 2015, die zeitgemäß evidente Theorie darlegt.

Bis zu dieser Klarsicht, deren folgerichtige Konsequenz mein Kirchenaustritt war, durchlebte und durchlitt ich manche schmerzhaften Metamorphosen um - im Gleichnis zu sprechen - mich wandelmutig auf den Individuationsweg von der „Raupe zum Schmetterling" einzulassen und nicht wankelmütig in der Attitüde des angemaßten So-tun-als-ob ein „Raupen-Flügler-Dasein" mit angepassten Schmetterlingsflügeln zu präsentieren.

Die vorliegende Dokumentation entstand (im ersten Teil bis einschließlich zum Text „Neu-Anfang" - Seite 44) nach meinem R-Austritt aus dem Kirchendienst im September 2001 und wurde an alle Beteiligten und Interessenten verteilt. Aufgrund vermehrter Anfragen an mich nach einem kirchenkritischen Leserbrief von mir im November 2012 (siehe Seite 8) erweiterte und aktualisierte ich meinen Text und verschickte ihn an Interessierte.

Bisher erhielt ich auf ihn sehr unterschiedliche Rückmeldungen, die - wie nicht anders zu erwarten - verdeutlichen, dass das Vorverständnis der Lesenden ihr Textverständnis entscheidend beeinflusst oder auch manchmal beeinträchtigt.

Eine kirchlich engagierte, wache und kritische Leserin hat ihn ein Gesamtkunstwerk genannt. Damit kommt sie vielleicht dem angebotenen komplementären Facettenreichtum am nächsten.

Lürich, im Juni 2012

Kirchenleere! Kirchenlehre?

Die Kirchen werden immer leerer!
Woran kann das bloß liegen?
Noch leben sie gediegen,
die Pfarrer und die Kirchenlehrer!

Doch lange schon schreit die Misere
nach einer grund-ge-leg-ten Keh-re!
Vielleicht hängt ja die Kirchenleere
an überholter Kirchenlehre?!

Von
wankelmütig
zu wandelmutig

Wenn die wilde Heckenrose
sich verausgabt Im-Verblüh`n,
hilft auch keine Rosenpose,
kein gekünsteltes
Bemüh`n.

Ausgebrannt
bleibt nur Der-Schnitt:
Weg mit jedem alten Zopf!
Und als heilsam Neuer-Schritt:
Frischer Edelrosen - Pfropf!

Neugeburt als Edelrose,
die sich schenkt im Erblüh`n!
Ohne jede Rosen-Pose!
Ohne künstliches
Bemüh`n!

Der Krise des Glaubens
„mit viel Jubiläumstamtam begegnen"

Stellungnahme zu den Zeitungsartikeln über die Feier des 175-jährigen Bestehen des Evangelischen Kirchenkreises Lürich vom 05. November 2012 und über das geplante Reformationsjubiläum 2017 vom 06. November 2012.

Im Artikel über die Vorbereitung des 500-jährigen Reformationsjubiläums im Jahre 2017 findet sich der Satz, die Evangelische Kirche in Deutschland suche bei diesem Jubiläum *„eine Chance, das Evangelium lauter zu verkünden – und der Krise des Glaubens, die in Deutschland allerorten diagnostiziert wird, neue Wege der Missionierung entgegenzusetzen."*

Der Krise des Glaubens, die sich am enormen Mitgliederschwund ablesen lässt (zur Gemeindeversammlung in der Evangelischen Kirchengemeinde Lürich kamen 1976 noch 126 Gemeindeglieder, 2011 waren es nur noch 31! Welch ein Schwund!) will man also laut begegnen, medienwirksam mit viel Jubiläumstamtam! Was soll das bringen? Neue Wege der Missionierung müssten lauter sein im Sinne von geläutert, nur so können sie auch überzeugen!

Im Artikel über die Feier zum 175-jährigen Bestehen des evangelischen Kirchenkreises Lürich las ich mit Befremden einen Satz aus der Predigt des Superintendenten Sonich: Als *„freie Christen, die sich einzig und allein seiner Liebe unterwerfen, nehmen wir das alles nicht hin"*, sei eine Erkenntnis der Reformation. Was ist das für ein Geist, in dem man sich *„der Liebe unterwirft"*?

Unter diesem Geist habe ich als Mitarbeiter der evang. Kirchengemeinde Lürich fünfundzwanzig Jahre lang gelitten und mich dagegen gewehrt, bevor ich im Jahre 2001 *R-Ausgeflogen* bin. Wie kann man sich bloß der Liebe unterwerfen, anstatt sich ihr in die Arme zu werfen und sich von ihr tragen zu lassen?

Reformatorisches Christentum atmet aber häufig in der Praxis diesen subtilen Liebes-Unterwerfungs-Geist, den der Superintendent in seiner Predigt „vertont" hat.

Was hat das mit wahrer Kirche zu tun? Ihr entspräche ein integrales transformatorisches Christsein (wie es W. + M. Küstenmacher/T. Haberer in ihrem Buch „Gott 9.0 - Wohin unserer Gesellschaft spirituell wachsen wird. Gütersloh 2010" beschreiben) ohne Unterwerfungslyrik in einem AUFRICHTUNGs - statt Ausrichtungsgeist.

Das wären wirklich neue Wege einer ganzheitlichen leibhaftigen Verkündigung, um die lauthals beklagte Krise des Glaubens zu überwinden. In eine solche Kirche würde ich - nach meinem Austritt am Buß- und Betttag 2001 - auch wieder eintreten!

Paul Modul   Lüricher Nachrichten vom 20.11.2012

Gutbürgerliche Kirche

Und

feiern immer

wieder

das Sakrament des Miteinanders

und können deshalb

beieinander

bleiben

und müssen doch

nicht miteinander sein.

Eine
auch gereimte
Kommentierung eines
ungereimten Arbeitsplatzverlustes
des langjährigen Jugendmitarbeiters

Paul Modul

Diplom-Pädagoge und Leiter der
Offenen Jugend-Einrichtung Bonhoefferhaus
in Trägerschaft der Evangelischen Kirchengemeinde Lürich
nach 25 Jahren zum 30. September 2001

Freigegeben

Du bist
ein   Baum
und   nicht   Gebüsch!
Es   ist   Dir   freigegeben,
als   Baum   Dich   auszuleben.
Hör` nicht auf das Normalgezisch,
am   Buschgemässen   nur zu kleben!
Entwinde Dich dem Buschgemisch!
Du sollst zu Höherem   streben,
Dich   himmelwärts   erheben.
Du bist ein
Baum
und
nicht
Gebüsch!

Du   Bist   Dir
F r e i g e g e b e n !

Bisheriges Motto der Offenen Jugendarbeit
in der Offenen Jugend-Einrichtung **Bonhoefferhaus**

R-Ausgeflogen

Trotz vieler Klerikal-Querelen
ließ ich mich oft davon beseelen,
im Geist des J e s h u a zu leben,
an Mitmenschlichkeit mit-zu-weben
in meiner eigenen Lebenswelt
und meinem weiten Arbeitsfeld.

Die Kirche wählte ich bewusst
als Wirkungsort, trotz allem Frust,
von dem mir andere erzählten,
die sich schon lang` in Kirche quälten.
Ich habe nicht auf sie gehört,
hab` mich an Illusion betört.

Drum musst` in fünfundzwanzig Jahren
ich selbst am eigenen Leib erfahren,
wie sehr der Geist des Jeshua
sporadisch nur anwesend war
im kirchgetrübten Alltagstrott,
obwohl man an ihn glaubt als Gott.
(Vielleicht auch gerade deswegen?!?)

Ich knüpfte manch` ein Lebensband
und leistete auch Widerstand dem
Nur-So-Tun-Als-Ob-Verkleben
bei manchem klerikalen Streben
nach Macht, getarnt in Brudermienen.

Wer herrschen will, soll anderen dienen!

So hat es Jeshua gelehrt!
Und weil ich immer ihn verehrt,
hab` ich versucht, mich dran zu halten,
geschwisterlich nur mit-zu-walten.
Mit denen, die mir anvertraut,
hab` ich ein Lebenshaus gebaut.

Hier konnten sie sich frei entfalten
in ihren menschlichen Interessen.
Hier brauchten sie sich nicht zu messen
beim schöpferischen Mit-ge-stal-ten.
Hier schlichteten wir schnell den Streit
und übten uns in Freundlichkeit.

Doch weil es Jugendliche war`n,
die sich nur selten vor den Karr`n
der Kirchenzukunft spannen wollen,
verstärkte man das Kirchengrollen:
Die Jugend kirchlich **aus**-zurichten
und wieder strenger anzubinden,
anstatt sich mit ihr **auf**-zurichten,
um Zugang zu ihr neu zu finden.

Das Ringen wurde nicht im Geist
des Nazareners ausgetragen!
So ist das Klima bald vereist.
Es schlug auf`s
Herz, begann zu nagen
an meiner Seele Gleichgewicht.
Ich nötigte mich zum Verzicht
auf das, was mich beinah` verbogen:

Aus klerika(h)lem Zank und Streit
hab` ich mich dann zurückgezogen,
mich meiner Arbeit nur geweiht.
(Die finanziell, das sei ganz nebenbei
bemerkt, sich fast aus dem nur speist,
was man im Sprachlichen sehr frei
die „Öffentlichen Mittel" heißt.)

Ich ließ mich nicht als
„Pfaffenbimbo"
steuern!
Drum
suchte man nach
Gründen, mich zu feuern!

„Wer suchet, wird auch finden!"

Und so fand man was,
dramatisierte es! Verbannt
wurd` ich in überhasteter Aktion!
Des neuen Besens fromme Oberhand
herrscht nun und mit ihr auch ein anderer Ton!

Ob der jedoch auch Jugend findet, die
sich ja kaum noch kirchlich bindet,
das müssen jene erst beweisen,
die mich aus meinen Arbeitsgleisen
in Arbeitslosigkeit verstießen,
mich Ungewissem überließen.

Liebe Anneliese!

„Es wird alles nochmal neu!
Es wird anders, es wird besser!
Weizen trennt sich von der Spreu!"
hat man mehrfach mir gesagt,
als man lang genug getagt,
mit Entscheidung sich gequält
und am Ende Dich gewählt
als die neue Pfarrerin.

Bringst Du
uns den Neubeginn?
Was für mich allein nur zählt,
ist, ob Du ein offenes Ohr hast
für die Freuden und die Sorgen
der Erwachsenen von morgen,
die man Jugendliche nennt.
Bist auch Jugendpfarrerin,
und ich hoffe, mit Gewinn!

Schwierig
ist`s in diesen Zeiten,
Jugendliche zu begleiten.
Lass es trotzdem uns versuchen:
Du auf den Gemeindegleisen,
ich in of-fe-ne-ren Weisen.
Und wenn wir Erfolg verbuchen,
lass ihn uns gemeinsam feiern.

Treten Schwierigkeiten auf,
lass sie uns nicht verschleiern.
Nehmen wir uns selbst in Kauf
in dem Geist des Nazareners,
dann wird sicher manches neu,
manches anders, manches besser:
Weizen trennt sich von der Spreu!

(Zur Einführung von Anneliese Gluckenturm als Pfarrerin im Mai 2000 geschrieben und öffentlich vorgetragen - in Verbindung mit einem Buchgeschenk. Leider gingen meine geäußerten Wünsche und Erwartungen nicht in Erfüllung. Am Ende einer langen und lähmenden Auseinandersetzung stand der mehrheitliche Beschluss des Presbyteriums, mein Arbeitsverhältnis zu lösen. Aufgrund der fühlbaren Zerrüttung, die mir kein gedeihliches Arbeitsklima mehr verhieß, und dem erklärten Willen, mich trotz meiner erfolgreichen Jugendarbeit loszuwerden, stimmte ich schweren Herzens einem Auflösungsvertrag zu.)

Welch` EIN-Geist?!

Ach,

welch`     welch`

EIN - Geist

lässt   soll

Dich

erbeben?   erheben?

Der

Krusten-   Christen-

Geist

in   im

christlichem   krustigen

Gewande?   Verbande?

Kirchenbetrieb

Sie woll`n nicht meine Wärme!
Sie wollen meine
Wolle!

Human-Abrieb

Der
schleichende
Human-Abrieb
im kirchlichen
Tendenz-Betrieb!

DIE EVANGELISCHE KIRCHE IM RHEINLAND
GRÜSST IN DANKBARER WÜRDIGUNG TREUER
DIENSTE

ZUM 25 JÄHRIGEN DIENSTJUBILÄUM

JESUS · SPRICHT
WER · MIR · DIENEN · WILL
DER · FOLGE · MIR · NACH
UND · WO · ICH · BIN
DA · SOLL · MEIN · DIENER
AUCH · SEIN

JOHANNES 12 VERS 26

DÜSSELDORF
AM
01.09.1999

DIE EVANGELISCHE KIRCHE
IM RHEINLAND

Geschichts-Los

Was will sie mir denn offenbaren,
die Urkunde, die ich erhielt nach
fünfundzwanzig Dienstjahren
in Kirchendiensten. Denn es fehlt
mein Name, einfach weggelassen,
als wär` ich gar nicht mehr präsent.
Ich kann es immer noch nicht fassen!

Doch ist es ein Symbol-Event!
Denn als Symbol zeigt es mir an,
was man kaum noch verbergen kann:

Trotz pastoralem Worteschwall zählt
immer mehr der Menschverfall,
im optimalen Funktionieren
professionell sich zu verlieren
im namenfrei Geschichtslosen.

(Zur Kirchen-Dienst-Urkunde ohne meinen Namen)

Zuckerhieb und Peitschenbrot
oder
Klerikahle Mitarbeiterführung

Das Zuckerbrot wird man Dir reichen
in eingerollter Peitschenform,
um bitter-süss Dich neu zu eichen
auf die gewünschte Schmalspurnorm.

Und bist Du nicht bereit zu spuren,
bleibst Deinen eig`nen Spuren treu,
traktiert man Dich mit Peitschenkuren
zu Deinem Wohl - ganz ohne Scheu.

Und schreist Du auf, weil Du verletzt,
wirst Du getröstet, Deine Wunden
verbindet man. Zugleich schon wetzt

man Messer für die nächsten Runden
von Zuckerbrot und Peitschenhieben
bis Dir Dein Widerstand zerrieben.

Die Zeit ist reif!

Die Zeit ist reif: Es ist soweit!
Ich werde bei Euch ausgetrieben
und neugeboren aus dem Leid,
das mich bei Euch fast aufgerieben!

Und ich erblick` das Licht der Welt
in einem Glanz, den ihr nur ahnt,
weil ihr Euch glaubensfest verwahnt
und Lichterwachte schnell verbellt.

Die Zeit ist reif: Es ist soweit!
Ein Engel hat mit mir gerungen.
Sein Lichtgesang hat mich befreit:
Das Eurige ist mir verklungen!

Die Zeit ist reif: Es ist soweit!
Ich aufersteh`aus Euren Grüften
mit klerikahl verrenkten Hüften.
Sie werden heilen mit der Zeit!

Gewollt ist der Gut-Wetterhahn

Ge-
wollt
ist
der Gut-Wetterhahn,
der sich in ihrem Winde dreht,
weit sichtbar auf dem Turme
steht, und nicht der Adler
auf der Bahn des
Jeshuanisch
-Adeligen.

Klerikahles Litaneiern

Die klerikalen Besserwisser,
die ihren Gott im Munde führen
als einen bess`ren Fahnenhisser
der eig`nen Klerikahl - Allüren,
zerstören, wenn sie Kirche bau`n,
das aufkeimende Ur - Vertrau`n
Ins-Göttliche - Im-Hier-und-Jetzt.
Du kannst getrost sie fahren lassen!
Ihr Besser - Wisserisches bricht!
Zurück bleibt meist ein Leichtgewicht,
das wahnhaft sucht, SICH zu verpassen,
um sich als Schwergewicht zu feiern
im klerikahlen Litaneiern.

Hirten - Imperativ

Du
bist ein
Hirte, kein Dompteur!
Die Herde hast Du zu begleiten
und nicht nach eigener Couleur
sie
ab-zu-
rich-ten,
zu-zu-rei-ten!
Du bist ein Hirte,
kein Dompteur!

Klerikahler Widerspruch

Sich zum HERRscheN
aufschwingen
mit dem
Bruder J e s h u a.

Weg zur Freiheit

Du
wirst mich
nicht zu packen kriegen,
auch wenn Du es erneut versuchst.
Ich werde mich Dir niemals fügen,
auch wenn Du mich deshalb verfluchst.
Du willst mir meine Freiheit zeigen,
sagst Du, und was führst Du im Schild?
Du willst mich formen, willst mich beugen
nach Deinem - Eig`nen - Eben - Bild!
Was Du den „Weg zur Freiheit" nennst,
ist nur Dein Pfad durch`s Labyrinth.
Wenn ich ihn geh`? Was ich wohl find`?
Wie Du Dich mit Dir selbst verrennst.
Was Du als Endziel aufgefunden,
erkenn` ich als des Irrweg`s Ende.
Vonnöten wär` für Dich die Wende,
die Umkehr in ein Neu-Erkunden
von unser aller Weg zur Freiheit.

*(Gegen alle angemaßten
Möchte-Gern-Gurus)*

Ansicht eines Nachbarn

„Wissen
Sie, Herr Modul,"
sprach mein Nachbar
„Pfarrer sind
doch
meistens
nur pastorale
Selbstdarsteller!"

Frage des Sohnes

Es ist der Sonntag der Presbyter-Wahl!
Wir sitzen beim Frühstück
und plaudern.

So über
dies`
und das
und auch
meine Chancen
als Presbyterkandidat.

Da fragt mich mein Sohn,
kaum drei Jahre alt: „Papa,
sag` mal, was ist denn ein
Pestbrüterium?"

(Be)Staunen

Du möchtest alle überragen,
und alle sollen Dich bestaunen!
Doch durch die Menge geht ein Raunen!

Du gehst Dir selber an den Kragen,
weil Du die Menschen schlicht missachtest,
die Du ganz öffentlich hofierst
und so Dich selber demontierst,
Dir Dein Ur-Eigenes umnachtest.

Der Außen- und der Innen-Druck,
sie müssen beide für Dich steigen,
sonst wirst Du Dein Gesicht nicht zeigen.

Es schlummert hinter`m Fratzenstuck!
Erst wenn die Fratze Dir entfällt,
ein Staunen uns in Atem hält!

***Das
Kreuz
mit der Kirche***

***Du würdest doch keinem
Gefrierschrank
glauben,
der Dir
den Wert
der Wärme
verkündet!***

Sich *hetzen* oder herzen?

Entnervt
klagt mir die Pfarrerin
heut` über`s Theologenteam,
das Kirche optimieren will:

„*Wir hetzen uns zu Tode!*"

„Wie wär` es denn,"
so frag` ich sie:
Ihr richtet
Euch
ganz ohne
Wenn und Aber,
ganz ohne pfaffen-
pfiffiges Gelaber an
Eurem Nazarener auf
nach seinem Lebensmotto:

„Wir herzen uns ins Leben!"

Christen - Krustig
oder Justus Chrustus

Ach, in der Kirche, die sich gründet
auf jenen Geist des Nazareners
in dem geglaubten Jesus Christus,
fand ich so oft im Kirchenalltag
den Herrschergeist des Justus Chrustus,
den Krustengeist der Selbstgerechten,
die sich in Helfer - Posen suhlen
und gläubig ihr Programm abspulen
des christen-krustigen Geglaubes.

Ihm gelingt, was keiner glaubt!

„Der Hexer" wird er dort genannt,
weil er beim Pferdebändigen
mit off`nem Herzen, sanfter Hand
versucht, sich zu verständigen
mit eingefang`nen wilden Pferden.

Und ihm gelingt, was keiner glaubt!
Mit sanften, zärtlichen Gebärden,
so nähert er sich und so raubt
den Pferden er die Angstbeschwerden.

Bis der Durchbruch dann gelingt,
er sich in den Sattel schwingt,
ohne selbst sich zu gefährden.

Er bändigt sie mit Herzlichkeit,
mit seiner Sanftmut und Geduld.
In stetiger Gewaltfreiheit
bezähmt er sie im Herzenkult!

Groß ist die Zahl der Pädagogen
- natürlich auch der Theologen -
die uns um diesen Kult betrogen!

Mein Fehler

Mein Fehler war, die Wichtigtuer
nicht als so wichtig zu betrachten,
wenn sie auf ihrer eitlen Spur
Bedeutsamkeit entfachten.

Mein Fehler war, dem Nichtigen
den Rang des Ach-So-Wichtigen
mit Ironie stets zu vermindern,
um Wichtigtuerei`n zu hindern.

Mein Fehler war, zu überseh`n,
dass Wichtigtuer den bekämpfen,
der ihnen in den Show-Krämpfen
versucht humorvoll beizusteh`n,
damit sie sich nicht ganz verrennen
und sich zum Wichtigsten ernennen.

Glaubens-Vielfrucht-Torte

Hört Ihr Christen, meine Worte:

Eure Glaubens-Vielfrucht-Torte
schmeckt mir wohl, ist Euch ge-
glückt, wo sie mit frischem
Obst bestückt. Und grad` weil
mir solches mundet, wehre
ich mich, bald gesundet,
gegen jenen Rest der
Torte, jenen von
der tiefgekühlten
und der vor-
gekauten
Sorte
!

Der Landstreicher von Nazareth
oder
Jeshuanische Präsenz

Wer auf den Nazarener sich beruft,
der darf doch keine Herrschaftskirche gründen!
Denn in ihr wird er ihn nicht wiederfinden,
auch wenn er ihn als Gottessohn einstuft!

Der liebestolle Landstreicher von Nazareth,
durchglüht von seiner Got-tes-lei-den-schaft,
er wollte nicht, dass man ihn gläubig nur begafft
und ihn verklärt auf klerikalem Totenbett.

Die liebende Präsenz hat er verkündet,
sie komponiert als einen Papa-Gott,
der allpräsent und liebend sich verbündet
mit dem Lebendigen und wider allen Trott.

Sein radikaler Aufrichtungszuspruch,
er bleibt gefährlich für alle Herrschafts-Cliquen.
Auch wenn sie immer wieder in den Tod ihn schicken:
Er aufersteht erneut aus dem Zusammenbruch.

Wer auf den Nazarener sich beruft,
wie kann der eine Herrschaftskirche gründen?
In ihr wird er ihn niemals wiederfinden,
auch wenn er ihn als Gottessohn ausruft!

AUF - FANGNETZE

Als
er sprach:
„Werdet Menchenfischer!"
empfahl er da
Fangnetze
oder
Auffangnetze?

Sich plusgestaltig aufrichten

Und
ur-plötzlich
bricht die EINSICHT
ein ins   ringende   Gehirn,
schneidet den Gedankenzwirn
durch mit ihrem Scheren-Licht:

„Ausrichtung - nein danke!
Aufrichtung - ja bitte!"
DAS
zerbricht die Schranke
und führt hin zur Mitte!
Alles
denkerische Ringen
ist vergeblich. Erst die EINSICHT,
sie durchlöst mit ihrem Klingen,
schenkt befreienden Verzicht.
Alles
Ein- + Aus-Richten,
es verhaftet im Bedingten!
Sich plusgestaltig aufrichten,
es befreit aus dem Umringten!

Ausladende Kirche

Mit wohlig temperierten Worten,
so laden sie Dich herzlich ein,
empfangen Dich an ihren Pforten,
geleiten Dich zu sich hinein.

Kaum lässt Du Dich in ihrem Haus
ein wenig heimisch werden,
so laden sie sich vor Dir aus
mit einvernehmenden Gebärden

und frecher Selbstverständlichkeit,
in ihrer Art, Dich einzufärben
und klerikahl Dein Fell zu gerben.
Und wehrst Du Dich, bist nicht bereit,

Dich selber derart zu vertrimmen,
dann deuten sie Dir freundlich an,
dass hier nur jemand bleiben kann,
bereit, sich auf sie einzustimmen.

Und sie entledigen sich Deiner
mit eingefror`ner Herzlichkeit.
Und wundern sich, dass kaum noch einer
zu ihnen kommt in dieser Zeit.

Ausscheren

Ich wollt` Euch meine Wärme schenken,
doch wolltet Ihr nur meine Wolle!
Ich sollt` sie mit der Farbe tränken,
die bei Euch gilt, sollt` mich beschränken
auf die gewollte Spender-Rolle.

Ich unterkühlte - stets geschoren -
und bald schon mergelte ich aus.
Fast ausgelaugt und angefroren,
hab` ich mich beinah` selbst verloren.
Mit letzter Kraft scherte ich aus!

Ich lass` von Euch mich nicht mehr scheren,
mir nicht mehr meine Wolle färben!
Zukünftig werd` ich Euch verwehren,
mich nochmal derart zu versehren:
Das LEBEN such` ich, kein Verderben!

West - Östliche Umarmung

Und
würdest Du
mich
fragen:

Was hältst Du von der Religion?
So würde ich Dir sagen:
Ich suche jenen neuen Ton
west-östlicher Umarmung
des Buddha mit dem
Nazarener:

Begegnung beider als Ent-Tarnung
der religiös Verengten, jener,
die ihren jeweiligen Meister
noch nicht in seiner
Tiefe kennen

und sich nur frömmelnd selbst verrennen,
die sich verkleben mit dem Kleister
der eigenen Unfehlbarkeit
bis an das Ende ihrer Zeit.

(Carl Friedrich von Weizsäcker im Gespräch mit Erwin Koller:
„Ich glaube, dass die Begegnung der Religionen eines der wichtigsten
zukünftigen geistigen Ereignisse der Menschheit ist. Denn sie werden
alle lernen müssen, dass die Weise, wie die Religionen sich selbst inter-
pretiert haben, noch provinziell war. **E.K.:** Dass sie also zum
Kern ihrer eigenen Religion erst vorstoßen müssen. **C.F.v.W.:**
Dass sie zu dem, was die Meister, von denen sie sich herschreiben,
gesagt haben, zum Verständnis davon überhaupt erst kommen
müssen. Und dass das, was man gewöhnlich überliefert,
sehr häufig eine Parteimeinung ist."
In: C.F.v.Weizsäcker:
Zeit und Wissen, München 1992, S. 340)

Aus Kirchenhaft befreit

In Eurer Kirchenlandschaft,
find` ich kaum die Verwandtschaft
mit dem, was mich im Tiefsten rührt.
Doch ich gewahre eine Kraft,

die ich bisher fast kaum gespürt.
Sie lockt mich in die Helle,
heraus aus Eurer Kirchenhaft.
Sie kommt aus einer Quelle,

die nunmehr mich in Klarheit strafft.
Es ist die Quelle, die mich kennt,
die mich behutsam umbenennt
mit meinem eigentlichen Namen

entgegen Eurem Kirchentrend,
die mich befreit aus allen Rahmen,
mit denen Ihr Euch selbst verrenkt
und Euch ins Kirchenabseits drängt.

(Für Eugen Drewermann)

Als ich das bessere Leben suchte,[1]

....,

da träumte mir

von

„GOTT"

<u>Prolog:</u>

„Das Gebot,
man solle sich kein Bildnis machen von GOTT,
verliert wohl seinen Sinn nicht, wenn wir G O T T
begreifen als das Lebendige in jedem Menschen, das
Unfassbare, das Unnennbare, das wir als solches nur ertragen,
wo wir lieben. Sonst machen wir uns immer
ein Bildnis. Nicht bereit, nicht
willig und nicht fähig,
einem   einzel-
nen Gesicht
gegenüber
zu   stehen,
stempeln wir
ganze Völker ab
und   können ihnen
nichts anderes zugestehen
als die Fratze unseres Vorurteils,
das immer eine Versündigung bedeutet."

Max FRISCH

(G.W. Bd. II, S. 279 Frankfurt/Main 1976/86)

Lieber Heiko!

In den letzten Briefen schilderten wir uns wechselseitig unseren „Traum vom besseren Leben" und beschrieben die Bedingungen, die notwendig sind, diesen Traum Wirklichkeit werden zu lassen. Dabei wurden große Differenzen sichtbar zwischen uns.

Um es auf den Hauptnenner zu bringen: Du meinst, in Deinem Traum vom besseren Leben ohne Gott, ohne Transzendenz, zurecht kommen zu können. Ich halte entschieden dagegen, dass ich bei meinem LEBENs-Traum ohne GOTT, ohne Berücksichtigung der *TRANSZENDENZ*, ohne Trans-Personalität, nicht auskomme.

In Deinem letzten Brief fragst Du nun recht aggressiv an: Was denn mein ganzes Gerede von Gott, von Transzendenz, eigentlich solle, ob ich vielleicht die Verantwortung nicht selber tragen wolle, ob ich im Angesicht meiner Ohnmacht einen mächtigen Gott im Himmel brauche, ob die Sache mit Gott nicht eine Droge sei, um das kritische Bewusstsein zu vernebeln?

Wie Du weißt, habe ich mit den Hütern der Religion, die sehr viel von Gott reden - und manchmal auch von Gott schwafeln - so meine Probleme. Ich möchte deshalb nicht, dass Du mich pauschal mit ihnen in einen Topf wirfst.

Um Dir zu verdeutlichen, was ich meine, wenn ich „GOTT" sage, möchte ich Dir einen beeindruckenden Traum erzählen, der mich vor einiger Zeit heimgesucht hat. Genau wie Du höre auch ich auf die Weisheit meiner Träume.

Und so glaube ich, in diesem Traum, einem „Gottestraum", Entscheidendes über die Art und Weise erfahren zu haben, wie das traumproduzierende Unbewusste in seinen Bildern über „GOTT" spricht.

Also folgendes träumte mir:

„ICH stehe mit drei anderen Menschen zusammen und diskutiere mit ihnen heftig und kontrovers über GOTT.

Meine Position ist die eines aufgeklärten Christen: Ich berufe mich auf Jesus von Nazareth und seine transformatorische Vorstellung vom menschenfreundlichen Gott: GOTT ist den Menschen zugewandt, so vertrete ich, GOTT ist für die Menschen da.

Mein erster Diskussionspartner greift mich massiv an: Das Gerede vom menschenfreundlichen Gott sei alles hirnverbrannter Unsinn, geboren aus einem unausrottbaren Wunschdenken. GOTT, das sei eine fürchterliche Macht, vor der man erzittern müsste vor Angst - und dabei bebt er heftig und zittert vor Angst wie Espenlaub.

Ich versuche dagegen zu argumentieren mit meiner These vom menschenfreundlichen GOTT, vor dem man keine Angst zu haben brauche. Ich berufe mich wieder auf Jesus von Nazareth, der GOTT in seiner Erfahrung als „ABBA", also als: „Wie-ein-Vater-zu-uns" erlebt und verkündet hat. Doch der Ängstliche bleibt bei seiner furchterregenden Gottesvorstellung und predigt laut den mächtigen und grausamen Gott.

Mein zweiter Diskussionspartner ist ein entschiedener Atheist, jemand, der die Existenz Gottes leugnet. Er lacht uns beide aus und meint, wir hätten uns da in unserer Vorstellung einen Gott gebastelt, den es gar nicht gäbe, ich mir einen menschenfreundlichen, der andere sich einen gräulichen.

Für ihn dagegen, den Atheisten, stehe fest, dass es Gott nicht gebe. Nur schwache Menschen würden sich in ihrer Fantasie einen Gott schaffen, entweder einen hilfreichen oder einen aggressiven, je nach Bewusstseinslage. Er dagegen sei ein aufgeklärter, emanzipierter Mensch, der sich keinen Gott basteln brauche. Er ähnelt übrigens Dir, lieber Heiko, in seiner Art und seinen Argumenten.

Nach einer Weile intensiver, heftiger Diskussion zwischen uns dreien schaltet sich der Vierte ein. Er meint, er könne es nicht verstehen, warum wir uns so ereiferten über eine Sache, die ihm völlig gleichgültig sei. Ob Gott oder Nicht-Gott, das sei ihm total egal. Was ihn einzig und allein interessiere, sei das Geld, die Macht und schöne Frauen. Wir sollten es ihm doch gleichtun, uns für Geld und Sex engagieren und nicht für so einen Unsinn wie die Sache mit Gott, von der man ja sowieso nichts habe. Wir widersprechen ihm deutlich und massiv.

Unsere Auseinandersetzung wird immer härter und aggressiver. Sie wogt hin und her, ohne jemanden zu bewegen, von seiner Position abzuweichen. Wir stehen hart gegeneinander, ein Konsens, eine Übereinstimmung ist nicht in Sicht und auch kaum denkbar.

Da geschieht plötzlich etwas Eigenartiges, Traumhaftes:

Es nähert sich uns eine Art Lichtkreis. Zuerst sind wir verwundert. Doch mit zunehmender Nähe fasziniert uns dieser eigenartige Lichtkreis. Als er bei uns angekommen ist, umfasst er mich und umschließt den Angstvollen. In dem Moment, in dem er mein und sein Herz durchdringt und uns verbindet, spüre ich die Anwesenheit einer ungeheuren Liebesenergie und eine mächtige Vertrauenskraft, die den Angstvollen und mich trägt und uns vereint. Ich nehme wahr, dass auch der Angstvolle es spürt und - wie vom Blitz getroffen - WISSEN wir in diesem Augenblick beide: DAS IST GOTT, der uns berührt, diese Gegenwart einer gewaltigen Liebe, diese bebende Präsenz, die uns umfasst, das ist GOTT.

Wir WISSEN es einfach, jenseits aller Argumente. Ergriffen von jener Liebeskraft fallen wir uns in die Arme. Dabei spüre ich ganz tief in mir: Dies` ist unsere Aufgabe: Sich von jener unbeschreiblichen Liebe ergreifen lassen und in ihrer Kraft die Welt umarmen und gestalten!

Das gleiche wiederholt sich in ähnlicher Intensität mit mir und den beiden anderen, dem Atheisten und dem Gleichgültigen.

Und jedes Mal WISSEN wir: DAS-IST-GOTT!

Erschüttert und ergriffen nehme ich wahr, wie alles in mir jubelt: Es ist mir jetzt offenbar: Das IST GOTT, diese Liebes-Präsenz, die man mit Argumenten und Begriffen nicht einfangen kann.

Ich gewahre auch die Nutzlosigkeit jeder Diskussion über GOTT, wenn man nicht gleichzeitig VON-GOTT ergriffen ist und IN-GOTT-ZU-GOTT erwacht.

Zuletzt umfasst uns alle vier der Lichtkreis mit seiner Liebeskraft und lässt uns in der Verbundenheit miteinander die beschriebene Liebes-Präsenz erfahren. Dann weitet sich die Lichterscheinung und durchdringt die Erde, den Weltraum, den Kosmos.

Als es mir zu intensiv wird, erwache ich aus diesem ungewöhnlichen Traum mit klopfendem Herzen, bebendem Leib und einem Schluchzen vor Freude und Jubel.

Nachdem ich mich wieder gefangen habe, stehe ich auf und notiere den Traum, denn ich weiß, er enthält eine wichtige Botschaft."

Soweit mein Gottestraum, lieber Heiko.

Vielleicht verstehst Du nun etwas besser, was ich meine, wenn ich „von GOTT rede".

Ich meine nicht den Über-Vater im Himmel.

Ich meine nicht den autoritären Kirchen-Stabilisator-Gott.

Ich meine nicht den Hilfsgott für die Schwachen, nicht den christlich - bürgerlichen: „Hab`- mich - lieb - und - lass - mich – sonst - in - Ruhe" - Kuschelgott.

Ich meine nicht die Gottesdroge vieler Religiöser und heute auch vieler Esoteriker.

Ich meine „GOTT", so wie ich ihn symbolisch in meinem Traum erfahren habe als eine ergreifende WIRKLICHKEIT, die sich in die Traumbilder „einbilderte" und in ihnen aufrichtend und verbindend aufleuchtete, „GOTT" wie er uns auch von Jesus von Nazareth bezeugt wurde: „GOTT-IST-DIE-LIEBE und wer in der Liebe wohnt, der wohnt IN-GOTT und GOTT-IN-IHM ", so heißt es in der Bibel.

Du kannst Dir nun sicher vorstellen, lieber Heiko, dass ich meinen Traum vom besseren Leben nur mit diesem Vorzeichen, diesem „Gottesvorzeichen" vor der Klammer des Lebens entwerfen kann. Alles andere wäre mir zu kurz geträumt und würde zu keinem besseren Leben führen.

Ich möchte daran mitarbeiten, möglichst viele Menschen auf diese Liebes-Präsenz hinzuweisen, damit sie ihr Leben in ihr nun neu und besser buchstabieren und leben lernen.

Ich hoffe, wir sind in unserem brieflichen Gespräch ein Stück weitergekommen.

Ich grüße Dich herzlich,

Dein Paul

Nachtrag: *Ein Gottestraum ist ein „Gottestraum", also ein träumendes Symbolgeschehen in der Tiefenpsyche - nach C. G. JUNG ein Traum aus der SELBST-Sphäre. Er sagt etwas darüber aus, wie die PSYCHE empirisch überprüfbar von Gott in Symbolen spricht, nicht mehr und nicht weniger.*

Selbstveranschaulichung des S E L B S T

Am intensivsten ist das Erleben in jenen seltenen Fällen, in denen das SELBST sich selber veranschaulicht: wenn es um Etwas ganz Fundamentales geht. Dann nimmt das Erleben jene Intensität und auch Qualität an, die heute in der Religionswissenschaft als *numinos* - als faszinierend und erschütternd zugleich - bezeichnet wird. Erlebnisse des SELBST haben nicht nur jene *Intensität*, über die in der religiösen Tradition von Gotteserlebnissen berichtet wird, sondern auch jenes *Erscheinungsbild*. Die Analyse der Gestaltungen des Unbewussten hat nämlich ergeben, dass das

S E L B S T

wenn

es sich

selber veran-

schaulicht, dazu

jene Gestalten und

Symbole bildet, welche

Religionswissenschaftler aus

den verschiedensten Kulturen als

G o t t e s b i l d e r

zusammengetragen haben. Das heißt, dass die im Verlauf der Kulturgeschichte zu Stande gekommenen Gottesbilder als synonyme *Selbstveranschaulichungen des SELBST* aufzufassen sind.

Willy Obrist

(In: Die Natur: Quelle von Ethik und Sinn, Zürich 1999 S.312)

Träume sind besondere Schäume (Lied) [2]

Refr. A: _Träume sind nicht immer Schäume!_
Jetzt und hier eröffnen sie Dir
unbekannte neue Räume.
Hat Dein Leben sich verfahren,
offenbaren Träume manchmal
Lösungen im Unlösbaren.

1.   _In des Lebens Wirrungen,_
selbstverkeilt als Konkurrent,
verlacht der Traum Dir vehement
Deine Selbstverirrungen.
In des Lebens Wirrungen,
verknäuelt in Hass und Sympathien,
hilft der Traum mit Strategien
der Abwehr von Verirrungen.

Refr. A: _Träume sind nicht immer Schäume ..._

2.   _In des Lebens Wirrungen,_
mitten in den Turbulenzen,
mahnt der Traum zu Konsequenzen,
zum Auszug aus den Irrungen.
In des Lebens Wirrungen,
im Gestrüpp von Neid und Gier,
weist der Traum auch häufig Dir
Wege aus Verirrungen.

Refr. A: _Träume sind nicht immer Schäume ..._

3.   _In des Lebens Wirrungen,_
auf der Suche nach dem Heilen,
lässt Dich der Traum geheilt verweilen
diesseits aller Irrungen.
In des Lebens Wirrungen,
in manch` zerbroch`ner Lebensart,
führt Dich der Traum aus Irrungen
zum Ursprung in der Gegenwart.

Refr. B: _Träume sind besondere Schäume!_
Jetzt und hier eröffnen sie Dir
hilfreich die zentralen Räume.
Hast Dein Leben Du verfahren,
offenbaren Träume manchmal
Lösungen im Unlösbaren.

frei

der vogel
im käfig flattert vergeblich -
du drehst ihn herum und zeigst:
„die tür ist offen"

(für Paul
von Dr. S. Schubert
als Dank für langjährige Begleitung)

„Mit-
menschlichkeit
und Statusverzicht"!

Antworten auf wichtige Anfragen

Nein,

ich habe mir nichts zu Schulden kommen lassen, wie es mir
sowohl Herr Ehlert, Superintendent des Evgl. Kirchenkreises
Lürich, in einem Artikel (Lüricher Zeitung vom 24.07.01) als
auch Frau Gluckenturm, Vorsitzende des Presbyteriums der Ev.
KG Lürich, bei der Protestdemonstration der Jugendlichen am
20.08.2001 öffentlich bestätigt haben.

Ja,

mein Fehler lag darin, Sachzwänge im Geiste des Jesus von
Nazareth zu behandeln: „Sachzwänge sind für den Menschen
da und nicht der Mensch für Sachzwänge!" Deshalb steht der
Mensch für mich im Mittelpunkt meiner Arbeit und nicht der
Sachzwang mit seiner zunehmenden „Kolonisierung der
Lebenswelt" (Habermas). Also bin ich manches Mal - zugunsten
der Arbeit am Menschen - ganz gelassen über zweit- und
drittrangige Sachzwänge hinweg gegangen und habe mir so die

Gegnerschaft der Sachzwanggläubigen zugezogen. Hier sind - nach 25 Jahren Tätigkeit - etwa 5 - 10 % der Trennungsgründe zu finden.

Nein,

ich glaube, ich habe grundlegend nichts falsch gemacht! Im Gegenteil: In meiner Arbeit habe ich mich in sinnvoll mitmenschlicher Weise engagiert und dabei offensichtlich vieles in guter Weise auf den Weg gebracht, wie die Sympathiewelle zeigt, die, nach meiner ungewollten Trennung von der Evgl. Kirchengemeinde Lürich - für mich rollt. Sie bestätigt mir die Richtigkeit meines Ansatzes, den ein bekannter evangelischer Theologe unserer Tage, Gerd Theissen (echter Name), so formuliert hat: „Nächstenliebe und Statusverzicht üben".

Ja,

ich bin der real-existierenden Kirche gegenüber immer kritischer geworden: Je länger ich in ihr gearbeitet habe, desto weniger begegnete mir die gegenseitige Aufrichtung im Geist des Jesus Christus und desto stärker musste ich mich mit dem Geist des „Justus Chrustus" herumschlagen, dem Krustengeist der Kirchlich-Selbstgerechten, die von mir „als Gemeindeschaf die Wolle wollten und nicht meine Wärme". Von denen habe ich mich zunehmend distanziert und muss nun die Folgen tragen. Hier verorten sich die restlichen 90 - 95 % der Trennungsgründe.

Nein,

ich habe mir nichts zu Schulden kommen lassen, außer dem Geschilderten, das nach fünfundzwanzig Jahren für meinen Arbeitgeber ausreichte, mir per mehrheitlichem Presbyteriums-beschluss die Trennung nahezulegen.

Ja,

ich habe schweren Herzens der Trennung durch Auflösungsvertrag zugestimmt, denn dem „Zermürbungs-druck", der sich seit etwa einem halben Jahr intensiviert hat, wollte ich mich - gesundheitlich angeschlagen - nicht länger aussetzen.

Nein,

die Trennung von der Kirche als Arbeitgeber bereitet mir keine Probleme.   Im Gegenteil: Ich fühle mich befreit und erlöst! (So wie es in Predigten oft versprochen wird!)

Ja,

der Verlust meines geliebten Arbeitsplatzes schmerzt mich sehr und ich werde viel Zeit zur Trauerarbeit brauchen! Auf die - nur in Presseartikeln auftauchende und wohl auch nur rhetorisch gemeinte angebliche - Hilfe der Kirche bei der Suche oder Vermittlung eines neuen Arbeitsplatzes verzichte ich (ab)dankend. Ich werde nie mehr „bei Kirchens" arbeiten!

Nein,

mehr kann ich zu der ganzen misslichen Lage nicht sagen, denn auch ich unterliege der Schweigepflicht und muss den kirchlichen   Auflösungsvertragspartner vor der Preisgabe konkreter Gründe schützen.

Ja,

ich werde mich als Arbeitsloser nicht zurückziehen, sondern mich in anderen, nicht konfessionsgebundenen Offenen Jugendeinrichtungen   z.B. im Kultur-Bahnhof mit meinen Fähigkeiten ehrenamtlich einbringen.

Paul Modul   **Lürich, den 06.09.2001**

(Abgedruckt am 08.09.2001 in der Lüricher Zeitung)

„Rücktritt der Scheinheiligen"

Timo Theussen, ehemaliger ehrenamtlicher Mitarbeiter in der Jugendarbeit, dann Zivi in der Gemeinde und heute Dichter und Lyriker, erinnert sich an P.M.:

„Ich habe mit diesem wunderbar „radikal-religiösen" Seelenbegleiter wohl alles erlebt, was ein Jugendlicher damals (Mitte der 80er) mitmachen konnte: Zuerst saß ich Karneval bei ihm als trauriger Clown im Konfirmandenunterricht - und er weckte meine Neugier für den Rebellen Jesus!
Dann traute ich mich als weltschmerzlerischer Teenie in sein Büro - und er machte mir Mut! Ich fuhr mit ihm nach Korsika auf Freizeit - er ließ mich sinnerfüllte Freiheit kosten! Ich spielte Keyboard und Congas in seiner Kirchenband für ökumenische Gottesdienste - und fuhr sonntags über Land statt auszuschlafen! Ich meditierte mit seiner Hilfe über christliche Symbole - und erfuhr die verrückte Lebenskraft der heiligen Botschaft! Wir gründeten mit ihm das YuKu Inn (Jugendkulturinitiative) - und veranstalteten jugendkulturelle Events. Ich blieb als Zivi bei seiner Institution - und fegte samstags die Kirchentreppe! Und als mich eine gruselige Identitätskrise dank gesunder spätpubertärer Skepsis gegenüber allen Traditionen zum Austritt zwang, blieb er mir nicht nur als treuer Berater und Begleiter an der Seite, während die Kirchenbosse den Kontakt abbrachen, sondern behauptet seit dem immer noch, ich sei eigentlich ein Christ, wegen meiner humanistischen Ideale.
Er zollt meiner „Gottlosigkeit" damit denselben Respekt, den ich seiner fröhlichen Frömmigkeit zugestehe. Er lud mich unbeirrt ein, als ich bereits in Köln wohnte: Bei allen drei Bonhoefferhaus-Lesungen in den folgenden Jahren als Gast der nächsten Yu KuInn - Generationen befand sich aber nie ein Pfarrer im Publikum - vermutlich waren meine Titel zu ketzerisch … wer nur Schäfchen hüten möchte, besucht eben nicht gerne den Wolf.

Ich freue mich riesig, dass P.M. inzwischen sogar einen Dichterkreis aufbauen konnte - wow, meine Heimatstadt als poetische Keimzelle, willkommen im Club der lebendigen Dichter! Erinnert mich an Ide Hintze`s Vision einer Lyrik-Guerilla ... und durch den R-Ausschmiss hätte P.M. gerade jetzt sehr leicht zur lebenden Legende werden können, wenn er nicht (zum Glück!) ein so „stinknormaler" Kumpel wäre, dass man in allen Altersabschnitten mit ihm den GEIST DER GEGENWART tanken kann. Ich wünschte, Jesus säße in der ersten Reihe auf Wolke Sieben, um sich köstlich über diese Kleinstadt-Seifenoper zu amüsieren: Profilneurotische Wichtigtuer in schwarzen Kutten und deren mäh-mäh-machende Herde versuchen einen vegetarischen Wolf zu verjagen. Also, was immer P.M. in Zukunft macht, er hat die ewige Jugend im Blut und genügend Heiligen Geist im Gepäck, um dem kreativen Nachwuchs meiner geliebten Heimatstadt ein bisschen Hoffnung zu machen, dass die weite Welt da draußen nicht so lächerlich sein braucht, wenn wir uns nur trauen, das Leben ernst zu nehmen. Mir jedenfalls hat er das Herz für die Unendlichkeit geöffnet, und er hat dafür gut geschwitzt!!! Die Ehre seiner inquisitorischen, ehemaligen Institution ließe sich allerdings nur noch mit dem freiwilligen Rücktritt der scheinheiligen Oberhäupter retten."

(Als Leserbrief am Ende einer über siebenwöchigen Leserbrief-Protest-Welle an beide Lüricher Tageszeitungen geschickt, aber wegen der schrecklichen Ereignisse vom 11.09.2001 in New York nicht mehr abgedruckt!)

Eine afrikanische Geschichte

Ein Mann schickte seine beiden Söhne Tambu und Rafschi hinaus ins Grasland, um sich in den Dörfern umzusehen. Er gab ihnen den Auftrag: Hinterlasst Zeichen auf eurem Weg!

Die beiden Söhne gehorchten dem Vater und gingen hinaus ins Grasland. Nach wenigen Schritten schon begann Tambu, Zeichen auf seinem Weg zu machen. Er knüpfte einen Knoten in hohe Grasbüschel. Dann ging er ein Stück weiter und knickte einen Zweig von einem Busch. Dann knüpfte er wieder Knoten in Grasbüschel. Und so war der ganze Weg, den er ging, voller Zeichen. Während seiner anstrengenden Arbeit zog er sich jedoch von allen Menschen zurück und sprach mit niemandem. Ganz anders verhielt sich sein Bruder Rafschi. Er machte keine Zeichen am Weg.

Aber im ersten Dorf setzte er sich zu den Männern ins große Palaverhaus, hörte zu, aß und trank mit ihnen und erzählte aus seinem Leben. Im nächsten Dorf schloss Rafschi Freundschaft mit einem Jungen, der ihn in seine Familie mitnahm und ihn in die Dorfgemeinschaft einführte. Im dritten Dorf bekam Rafschi von einem Mädchen bei der sengenden Hitze einen kühlen Trank angeboten und durfte das Dorffest mitfeiern.

Tambu bekam von alledem nichts mit. Er hatte genug Arbeit mit seinen Grasbüscheln und geknickten Zweigen.

Als die beiden Brüder nun nach ihrer Heimkehr dem Vater von ihren Erlebnissen erzählten, ging dieser mit seinen Söhnen denselben Weg noch einmal. Überall wurde Rafschi mit seinem Vater herzlich aufgenommen. Tambu aber kannte kein Mensch. „Ich verstehe nicht, warum mich keiner kennt," sagte Tambu, „alle sind zu Rafschi freundlich, zu ihm, der nichts anderes getan hat als geguckt. Kein einziges Grasbüschel hat er geknüpft und wird doch von allen geehrt und geachtet!"

Da sagte der Vater: „Es gibt noch andere Zeichen, Zeichen, die ein Mensch in den Herzen anderer Menschen hinterlässt, wenn

er zu ihnen geht, mit ihnen spricht und ihnen Freundschaft
zeigt. Solche Zeichen hat Rafchi auf seinem Weg hinterlassen.
Solche Zeichen in den Herzen der Menschen bleiben, wenn die
Grasbüschel längst von den Tieren gefressen oder vom Wind
weggetragen sind!"

(Um mir ihre Anteilnahme auszudrücken, schickten mir zwei
Religionslehrerinnen - mit einem sehr persönlichen Brief - dieses
Gleichnis zu, dessen Weisheit mich trösten sollte.)

Abgrenzung
...
gegen
alle frömmelnde
ausschließliche Inanspruchnahme
des Unaussprechlichen in der Verdinglichung
im konstruierten Gottesbild und
der Versprachlichung
im
kom-
ponierten
Gottesglauben,
da grenze ich mich ab!

Wohin des Weges?

Hör` auf, uns von der Kirche vorzuschwärmen!
Sie hat sich längst verpuppt und stirbt schon ab.
In ihr kann man sich geistlich kaum noch wärmen.
Verfangen im Vergangen macht sie schlapp.

Vielleicht ist sie ja dazu auserkoren,
in Wandlungen erneuert zu ersteh`n?
Vielleicht wird ihr der Schmetterling geboren
im unvorhersehbaren Geistesweh`n?

Doch wird ihr dieses wohl nur widerfahren,
wenn sie sich nicht im Puppigen verkrallt
und trotzig im Tradierten nur verhallt,
nicht fähig, im Offenbaren neu zu garen.

Lässt sie nicht radikal sich transformieren,
wird sie sich in den Untergang verführen.
Sie ist schon auf dem besten Weg dahin!

Pfarrereinschätzung

80 % abgedreht banal – holprige Zusammenarbeit
15 % angedreht normal – hilfreiche Zusammenarbeit
5 % auf-ge-dreht genial – schwierige Zusammenarbeit

(Einschätzung einer langjährigen Sekretärin eines Superintendenten)

S T O P P !

- die KIRCHE stirbt - STOPP – und in ihr wirbt
ein alterndes geglaube um sein gnadenbrot - STOPP -
hab` mitleid  mit der  armen - STOPP - und misch` in
das erbarmen die zuversicht, wenn altes bricht - STOPP
- erhebt sich bald schon wieder neu - STOPP:
L E B E N D I G E S !

Neu-Anfang

Nochmal
völlig neu anfangen!
Ohne der Vergangenheit
im Erneuten an zu hangen:
Dazu bin ich jetzt bereit!
Alles hinter mir zu lassen,
auch die Zukunft, die mich
zieht, das ist, was mich
jetzt umfassen will,
was in mir erblüht!
Jetztseits immer
wieder   neu
Auferstehen-
vor-dem-
Tode
wider
jede

flücht`ge
Mode: Weizen
trennen   von
der Spreu!

I m p r e s s u m

Alle Texte stammen, soweit nicht anders
gekennzeichnet, von Paul Modul,
Lürich im Spätherbst 2001

Wem willst Du Dich anvertrauen?[3]

Nebel-Dichter,   Nebel-Lichter:
Wem willst Du Dich anvertrau`n?
Nebel-Dichter schenkt Dir bunte Nebel,
kannst damit Paläste bau`n,
kannst Dich schmücken
und wirst andere
Vernebelte
ent-
zücken!
Nebel-
Lichter
fordert von
Dir bunte Nebel
ein,   raubt Dein
Wohnen Dir im Dunste,
lichtet allen faden Schein.
Und entsorgt Dich Nebelnächten,
will Dein LEBEN Dir erfechten,
will ohn` Wenn und Aber
Dein Belichtet-
sein.

Und
nun wähle:
Welche Richtung
schlägst Du
ein?

Texte,

Briefe und Leserbriefe

zur Aufklärung

Wahrer Christ

*Wenn
einer tönt,
er sei
ein Christ, dann prüfe ihn,
ob er es ist. Und lausche hin,
wie er so klingt,
wenn er
nicht seine
Tönung singt.*

Abgesang

In
Eurer
Kirche
suchte ich
den Aufgang,
nicht den Ausgang.

Doch suchte ich vergeblich.
Ihr habt ihn mir verwehrt,
den Rang des immer
schon Durchlösten.

Ich schenk` Euch
noch den Abgesang,
lass mich nicht mehr
vertrösten. Ich nehm`
getrost den Ausgang,
den Ihr für meinesgleichen
stets vorgesehen zum Entweichen
aus Eurer ab- ge- leb- ten Kirche.

Artikel für das
regionale Gemeindeblatt im Januar 1980

ES WAR EINMAL EIN MANN, DER EIN MENSCH WERDEN WOLLTE. ER VERLIESS SEINE HEIMATSTADT UND SUCHTE SICH MENSCHEN, BEI DENEN ER IN DIE LEHRE GING. NACH LANGER ZEIT BESUCHTE ER SEINE HEIMATSTADT. DORT TRAF ER ZUFÄLLIG DEN PFARRER, DER IHN FRAGTE: „NUN, WAS HAST DU GELERNT?" „ICH HABE GELERNT", ERWIDERTE ER, „MICH SELBST ANZUNEHMEN UND ZU LIEBEN UND AUCH ANDERE MENSCHEN ANZUNEHMEN UND ZU LIEBEN." DER PFARRER BEGANN LAUT ZU LACHEN: „HAST DU DAS NICHT SCHON VORHER GEWUSST, DASS DU DEINEN NÄCHSTEN LIEBEN SOLLST WIE DICH SELBST? HABE ICH ES DIR NICHT OFT GENUG GEPREDIGT?" „DOCH", ANTWORTETE DER MANN. „ICH HABE ES SCHON VORHER GEWUSST, ABER ICH HABE ES ERST JETZT ERLERNT."

Du sollst Deinen Nächsten lieben wie Dich selbst - wir alle kennen diesen Zentralsatz der Jesusbotschaft. Jesus fordert jeden auf, sich selbst und andere Menschen anzunehmen und zu lieben - mit allen Stärken, aber auch allen Schwächen, Fehlern und aller Schuldbeladenheit - und Jesus verweist auch auf die Lebensquelle: auf Gottes unendliche Liebe zu uns, aus der heraus uns Selbstannahme und Nächstenliebe möglich sind. Wir alle wissen dies! Wir haben es oft genug gehört, aber haben wir es auch erlernt, haben wir es als etwas Lebensnotwendiges für uns entdeckt, lassen wir es sich auswirken in unserem Leben?

Ich mache in meiner Arbeit (Konfirmanden- und Jugendarbeit, Jugendberatung und -seelsorge) zunehmend zwei entscheidende Erfahrungen: Eine bedrückende der Folgenlosigkeit vom Wissen zentraler Lebenswahrheiten und eine befreiende der Wirksamkeit durch das Erlernen dieser Wahrheiten. Wie stark die Kluft zwischen Wissen und „Erlernen" ist, wurde mir sehr deutlich bewusst, während ich im Oktober 1979 ein einwöchiges Sensitivity-Seminar des Jugendreferats unserer Synode miterlebte.

Bei einem Sensitivity-Seminar wird mittels bestimmter Wahrnehmungsübungen die Wahrnehmungsfähigkeit der Teilnehmer sich selbst, den anderen Teilnehmern und der Gruppe gegenüber entwickelt und verfeinert. Jeder Teilnehmer wird dadurch empfindungsfähiger, er lernt, sich selbst und andere Menschen deutlicher wahrzunehmen und sich angemessener und einfühlsamer zu verhalten.

Was ich während des Seminars erlebte, war vorher schon längst in meinem Kopf als Wissen vorhanden und systematisch sortiert, aber es lebte noch nicht in mir als ganzem Menschen, es hatte sich noch zu wenig in meinem Herzen und meinem Verhalten eingenistet, ich hatte es noch nicht genügend erlernt.

Ich wusste z.B. Jesu Worte von der Nächstenliebe und sah sie auch als für mich verbindlich an, aber ich musste erst durch die bittere Erfahrung hindurch, nur meine guten Seiten anzunehmen und alles Dunkle an mir zu vermeiden und auf andere zu übertragen, um es dort abzulehnen und zu hassen. Ich musste dies erst entdecken „erlernen", um ein Stück mehr zu mir selbst und auf andere hin befreit zu werden.

Ich wusste z.B. um den Zentralwert von Vertrauen, doch ich musste erst all mein Misstrauen durchleiden und annehmen, um ein Stück mehr vertrauen zu können.

Ich wusste z.B. um das paradoxe Verhältnis von Stärke/Macht und Schwäche/Ohnmacht; ich wusste, dass der nach Macht Strebende der eigentlich Schwache ist und umgekehrt. Aber ich musste erst mein eigenes Machtstreben erleben und loslassen und - getragen durch die Gruppe - meine Schwachheit in vielem zugestehen, um eigentliche Stärke zu erfahren.

Ich wusste z.B. um die tief verwurzelte wahnhafte Macher-Mentalität im Menschen - vor allem im abendländischen Menschen heutiger Prägung -, und ich wusste, dass ich Leben nicht machen, sondern nur zulassen und empfangen kann; doch ich musste mir erst des „Machers" in mir bewusst werden, um ihn loszuwerden und mich zu öffnen für die unverfügbaren schöpferischen Lebensimpulse.

Ich könnte noch mehr Beispiele meines „Erlernens" aufführen, muss es aber aus Platzmangel unterlassen. Wichtig ist, dass dieses „Erlernen" ohne andere Menschen nicht möglich ist.

Wissen über Selbst- und Nächstenliebe kann ich mir allein aneignen, erlernen kann ich sie aber nur mit anderen.

Wenn das Geschilderte nur mein Problem wäre, hätte ich es hier nicht ausgebreitet. Soweit ich jedoch sehe, leiden viele am Überdruck (-druss?) des Wissens und an der Unterernährung des „Erlernens". Wo es um Menschsein und Menschwerdung geht, kann dies lebensverdünnend und -verdorrend sein. Für mein Betätigungsfeld, die Jugendarbeit, habe ich daraus die Konsequenz gezogen, mit Jugendlichen, vor allem in Gruppen, bewusst „Menschsein und Leben zu erlernen".

Ich hoffe, Sie haben Menschen, mit denen Sie Menschsein „erlernen" und vertiefen können. Wenn nicht, so finden Sie hoffentlich in jeder Gemeinde solche Menschen, die bereit sind, ein Stück des „Lern-Weges" mit Ihnen zu gehen. Ich wünsche Ihnen, dass das Jahr 1980 für Sie ein „Jahr des Erlernens" wird,

Ihr Paul Modul

Nachtrag vom November 2012 - 32 Jahre später:

Diesen Text habe ich noch unter dem starken Eindruck des Sensitivity-Seminares geschrieben. Deshalb ist er wohl auch zu idealistisch geraten. Trotz der Abstriche, die ich heute mache, stimme ich seiner Grundaussage noch zu!

Seine Wirkung war recht ambivalent. Während mir einige wache Gemeindeglieder freudig zustimmten, waren meine beiden Pfarrkollegen ziemlich verärgert. Einer verstieg sich aufgrund meiner Frohbotschaft sogar zu der Drohbotschaft, ich habe damit die Pfarrerschaft beleidigt und müsse eigentlich eine Verleumdungsklage erhalten. Natürlich meinte er dies nicht wirklich ernst, versuchte mich aber damit einzuschüchtern, was ihm aber nur kurzzeitig gelang.

Thesen für die Arbeitsgruppe: „Jugend und Kirche" bei der Jugendsondersynode im April 1983

Leidgedanke:	Ausrichtung	-	Nein danke!
	Abrichtung	-	Nein danke!
LEITGEDANKE:	**AUFRICHTUNG**	-	**J A BITTE!**

1. Die Kirche hat vom Evangelium her den Auftrag, Menschen aufzurichten und ihnen die Quellen der Aufrichtung zu zeigen, nicht aber Menschen auszurichten oder gar abzurichten.

2. Die Kirche könnte die Gemeinschaft der Aufgerichteten bzw. der Sich-Aufrichtenden sein.

3. Tatsächlich ist die Kirche oft eher ein „bürgerlicher Verein zur Erhaltung des Christentums" mit der Tendenz, Menschen an ihren tradierten Denkweisen, Formen und Strukturen normativ auszurichten.

4. Jugendliche haben ein Menschenrecht auf „Aufrichtung in jeder Richtung" und ein Widerstandsrecht gegen „Ausrichtung jeglicher Art".

5. Viele Jugendliche reagieren deshalb allergisch auf kirchliche oder sonstige Ausrichtungsbestrebungen.

6. Wenn sich Kirche in Theorie und Praxis wirklich zur Anwältin der Aufrichtung von Menschen macht, wenn sie sich kritisch befragt, wo sie auszurichten statt aufzurichten versucht, wenn sie eine vielgestaltige Praxis der Aufrichtung von Menschen entfaltet (was ja teilweise schon geschieht), dann werden sich Jugendliche auf sie einlassen können.

7. Eine Praxis der Aufrichtung von Menschen, vor allem von Jugendlichen ist heute mehr den je not-wendig!!!

(Diese Thesen sind das Ergebnis eines intensiven geistigen Ringens mit der Frage, was ist das Wesen der Jugend und was ist wirklich Kirche und wie bekommt man beides zusammen, ohne der jeweils anderen Seite Unrecht zu tun. In einer plötzlichen befreienden Tiefenintuition standen mir die Leitgedanken vor Augen. Sie führten dann zu den oben abgedruckten Thesen. Außerdem bestimmten sie als Leit/Leid-Gedanken meine weitere sozialpädagogische Arbeit im kirchlichen Rahmen.)

KERNTRAUM: AUFRICHTUNG kontra Ausrichtung

Im Traum bin ich vorgeladen, um darüber Auskunft zu geben, was an meiner Jugendarbeit denn nun das „Wahrhaft-Christliche" ist. Auf der einen Seite steht Dr. Großgoschner als Vertreter von Kirche und tradiertem Glauben. Auf der anderen Seite befinden sich verschiedene Jugendliche, die ich im Laufe meiner 25jährigen Arbeit begleitet habe. Sie stehen der verfassten Kirche wohlwollend gleichgültig gegenüber und hängen einem areligiösen Zeitgeist an. Mein Platz ist zwischen beiden, nicht als Vermittler zweier gegensätzlicher Positionen, sondern als Vertreter einer Aufrichtungslebensweise, die ich vom „Wahrhaft-Christlichen" herleite. Zuerst bin ich derjenige, der sich rechtfertigen muss. Mein Axiom: Aufrichtung – Ja! Ausrichtung – Nein! wird von beiden Seiten grundsätzlich bejaht, doch bei genauerem Hinsehen von jeder Seite an der je eigenen Position „ausgerichte(r)t"! Der Kirchenvertreter beharrt darauf, dass eine Ausrichtung an der Aufrichtungsbotschaft des Evangeliums notwendig sei, um diese human auszuschöpfen. Ich halte dagegen, dass Ausrichtung an Aufrichtung weiterhin Ausrichtung bleibt, und deshalb inhuman und eigentlich nicht „wahrhaft christlich" ist. Die Jugendlichen sind von meinen Versuchen, mit ihnen Aufrichtung zu leben, sehr angetan, doch beharren sie darauf, dass dies je nach Lust und Laune zu geschehen habe, je nach der für sie noch notwendigen Ausrichtung am Angesagten. Für sie bleibt Aufrichtung im Unverbindlichen, während für den Kirchenvertreter Aufrichtung nur in verbindlicher Ausrichtung am Tradierten möglich sei. Meine Position ist die eigentliche Aufrichtung ohne jegliche Ausrichtung!

In einem sehr langen kontroversen Diskurs arbeite ich meine Position heraus und kehre die Lage um: Zum Ende müssen sich die beiden anderen Positionen vor mir rechtfertigen, was ihnen allerdings nicht gelingt. Im Gleichnis gesprochen ist meine Sicht wie Wasser, also tragfähig und nährend, die der Kirche wie gefrorenes Wasser – also Eis, zwar tragfähig aber eiskalt – und die der Jugendlichen wie verdunstetes Wasser – also Dunst, also nicht tragfähig!

Brief an einen guten Freund aus der Studentenzeit (Herbst 1983)

Lieber Heiko!

Wie sehr habe ich mich auf das Wiedersehen mit Dir gefreut, und wie war ich dann betroffen von Deiner Hoffnungslosigkeit und Deinem Zynismus. Wo ist Deine starke Hoffnung auf positive Veränderung, mit der Du mich oft angesteckt hast während unserer gemeinsamen Studentenzeit? Wo ist Deine Lebensfreude, wo Dein Lachen über die Unverbesserlichen? Wo ist Dein befreiender Humor geblieben, mit dem Du uns oft aus bedrückten Stimmungen herausgeholt hast?

Du gibst der Menschheit noch ein paar Jahre bis zum kollektiven Selbstmord. Du sprichst vom gemeinsamen Verdampfen und Verglühen. Du hältst alles Engagement für lächerlich, weil der Untergang nach Deiner Meinung im System programmiert sei. Du spürst keinerlei Verantwortung mehr, sagst Du. Du willst in den paar Jahren, die Dir noch bleiben, ganz für Dich selbst leben. Deine Worte und der Klang Deiner Stimme, sie haben mich geschockt, Ich war wie gelähmt, erschrocken, gebannt. Ich wollte Dir Etwas entgegensetzen, aber es gelang mir irgendwie nicht.

In der letzten Nacht hatte ich einen Alptraum, in dem ich unsere Situation wie in einem Spiegel gesehen habe. Du sitzt auf dem Schoß einer riesigen schwarzen, monsterähnlichen Gestalt mit Krakenarmen, die Dir langsam die Luft abdrücken. Du bist ganz zufrieden damit und lässt Dich erwürgen. Ich stehe vor Dir, vor Schreck völlig erstarrt und hilflos.

Soweit mein Alptraum. Ich glaube, lieber Heiko, Deine Hoffnungslosigkeit und Dein Zynismus werden Dir Dein Leben langsam abschnüren und dann hast Du wirklich nur noch ein paar Jahre!

Auch ich habe Ängste, lieber Heiko, auch ich bin manchmal ratlos und frage mich, wie das alles enden soll. Doch ich habe auch Hoffnung. Ich möchte Dir von meiner Hoffnung erzählen im Zusammenhang mit einer Geschichte, einer biblischen Geschichte.

Ach der mit seinem Religionsfimmel, wirst Du jetzt sagen, und Du wirst mir - wieder einmal - mein Wandlungen vorwerfen.

Ich erinnere mich noch gut daran, wie wir uns in unserer Studentenzeit über religiöse Menschen lustig machten. Religion ist Opium für`s Volk, Droge, mit der man das kritische Bewusstsein vernebelt: daran glaubten wir, und wir schauten sehr verächtlich auf diejenigen herab, die sich die Religionsdroge reinzogen.

Besonders amüsierten wir uns über solche Geschichten wie z.B. „Jesus geht über das Wasser", in unseren Augen ein hirnverbrannter Unsinn. Und genau an dieser biblischen Geschichte möchte ich Dir, lieber Heiko, meine Hoffnung buchstabieren.

Seit damals habe ich einige Wandlungen durchgemacht: Auf der Suche nach mehr Lebenstiefe habe ich den Wert von Träumen entdeckt und mich für Meditation geöffnet. Mit Staunen habe ich herausgefunden, dass in Träumen und Meditationen Bilder aufsteigen, die bedeutungsvoll sind und einen Weg weisen können, sozusagen „Botschaften von Innen". Ich habe die Bilder- und Symbolsprache entdeckt, in der unsere Seele sich äußert. Langsam habe ich mich in das Verständnis dieser universalen Symbolsprache - die übrigens allen Menschen gemeinsam ist - eingeübt.

Auf diesem Wege habe ich dann auch Zugang gefunden zu Symbolgeschichten. „Jesus geht über das Wasser" ist eine solche Symbolgeschichte, die ich mit neuen Augen sehen gelernt habe. Natürlich sind weder Jesus noch Petrus über das Wasser gewandelt.

Wörtlich genommen wäre dies` barer Unsinn. Symbolisch gesehen aber weist diese Geschichte für mich auf eine Lebenswahrheit hin, die ich erfahren habe. Davon möchte ich Dir berichten:

Du weißt, lieber Heiko, dass die Geburt unseres älteren Sohnes (1979) mit Komplikationen verlief. Meine Frau musste während der Schwangerschaft mehrmals mehrere Wochen ins Krankenhaus wegen vorzeitiger Wehentätigkeit.

Du kannst Dir vorstellen, wie geschafft sie war, als sich die Geburt endlich ankündigte. Bei der Geburt war ich dabei. Als die Presswehen einsetzten, hatte sie keine Kraft mehr, das Kind herauszupressen. Die Ärzte, bis zu diesem Zeitpunkt ganz ruhig und gelassen, wurden nun hektisch. Ich wurde ziemlich barsch aus dem Kreißsaal hinausgeworfen und mein Sohn wurde ziemlich brutal mit der Saugglocke aus dem Mutterleib herausgerissen. Kannst Du Dir vorstellen, wie mir zumute war? Ich fühlte mich wie in einem Sturm, im Bild gesprochen: Mein Lebensboot wurde kräftig hin und her geworfen.

Etwa eine halbe Stunde später wurde ich in den Kreißsaal gerufen: Man gratulierte mir zur Geburt meines Sohnes. In meine anfängliche Freude mischte sich schnell ein zunehmendes Erschrecken über den seinen Zustand. Er lag da, nackt, ein hilfloses Würmchen, am ganzen Körper blau angelaufen, den Kopf von der Saugglockengeburt wie zu einem Zuckerhut verformt und das Schlimmste, in fürchterlichen Krämpfen zuckend. Ein junger freundlicher Arzt, der mein zunehmendes Entsetzen spürte, bedeutete mir, die Geburt sei schiefgegangen und wir müssten wohl mit einem geistig behinderten Kind rechnen. Ich spürte, wie ich in ein schwarzes Loch fiel. Aus dem Sturm wurde ein Unwetter. Die Verzweiflung begann in mir hoch zu kriechen.

Die frisch gekürte Mutter, erschöpft aber glücklich über die Geburt unseres Sohnes, sah mir alles am Gesicht an. Ihr freudig erwartender Blick erlosch, und als sie die Situation ganz erfasste, fühlte ich, wie auch sie in Verzweiflung fiel. Ärzte von der Kinderklinik kamen mit einem fahrbaren Sauerstoffzelt, verpackten unseren krampfenden Sohn und verschwanden. Wahrscheinlich wird es mehrere Wochen dauern, bis Sie ihr Kind haben können, wurde mir auf meine Anfrage erwidert. Und mit den Worten „Ihre Frau braucht jetzt viel Ruhe" und „Sie können heute Nachmittag wiederkommen" schob man mich aus dem Kreißsaal.

Das Unwetter, in dem ich steckte, tobte gewaltig! Es drohte mich in die Untiefen von Verzweiflung zu treiben. Von allen Seiten stürmte es auf mich ein: Alle Hoffnungen auf ein gesundes Kind zerschlagen! Ein geistig behinderter Sohn! Wie werden wir damit fertig? Und viele Ängste um meine Frau!

Und plötzlich geschah etwas völlig Unerwartetes, etwas Beglückendes und gleichzeitig Erschreckendes, fast Gespenstisches. Der Sturm in mir legte sich, und ich hörte so etwas wie eine innere Stimme, die mir zuflüsterte: Hab` Vertrauen, hab` einfach Vertrauen. Es waren nicht nur Worte, es war mehr: Es war ein Durchströmtwerden von diesen Worten mit einem tiefen Gefühl von Vertrauen, von Kraftwellen der Geborgenheit und des Getragenseins, die durch mich hindurch pulsierten. Zuerst war ich erschrocken, mich durchzuckte es, jetzt fängst Du an zu spinnen, jetzt drehst Du durch.

In der biblischen Symbolgeschichte erschrecken die Jünger auch, als sie den wandelnden Christus auf dem Wasser sehen. Sie halten ihn für ein Gespenst.

Doch der momenthafte Horror des Gespenstischen wich schnell von mir, denn das Berührtwerden von dieser unerwarteten Kraft war etwas zu Beglückendes. Ich fühlte ganz tief eine Anwesenheit von etwas Unbeschreiblichem, eine Anwesenheit, die mich mit ihren Kraftwellen durchströmte und mir immer wieder anbot: Hab` Vertrauen, hab` einfach Vertrauen, alles ist gut.

Die Szene des wandelnden Christus auf dem Wasser, der seine Jünger im sturmgepeitschten Boot tröstet und auffordert zu vertrauen, passt als Symbol deckungsgleich auf meine

Erfahrung. Nach einer Weile des staunenden Beglücktseins kamen die Ängste und die Verzweiflung wieder und versuchten, mich einzufangen. Ich spürte, wie in mir eine gewaltige Frage in Richtung der erfahrenen Kraft aufbrach: Wie kann ich die Ängste und die reißende Verzweiflung überwinden?

Als Antwort kamen wieder die strömenden, kräftigenden Worte vom Vertrauen. Eine Gewissheit schwoll in mir an, die Gewissheit, dass alles Ängstigende, Nach-Unten-Ziehende Lähmende, Tötende zu schwach ist gegen die Kraft, die ich erfuhr, und dass alle Ängste und alle Verzweiflung überwunden werden, wenn ich mich auf diese Kraft einlasse.

Wieder entdecke ich meine Erfahrung in der biblischen Geschichte symbolhaft ausgedrückt. Petrus bekommt auf seine Frage, ob auch er die sturmgepeitschten Wellen überschreiten könne, die Antwort vom „Christus auf dem Wasser": Hab` Vertrauen zu mir und komm her. Petrus vertraut und geht los. Es gelingt ihm, das tosende Wasser zu überschreiten. Doch als er seinen Blick vom Christus abwendet und auf die angstmachenden Wellen schaut, geht er in ihnen unter und wird erst gerettet, als er sich hilfesuchend an den Christus wendet, der ihn aus den tosenden Wassern der Angst herauszieht.

So ähnlich ist es mir auch ergangen. Die Ängste und die Verzweiflung haben mich häufiger zu packen versucht, und wenn ich auf sie schaute, haben sie mich überwältigt. Doch die Erinnerung an die Vertrauenskrafterfahrung hat mir Mut gemacht, dorthin zu blicken, mich dorthin zu richten, umzukehren, und von dorther ist mir Kraft zugewachsen, die drei Wochen der Ungewissheit nach der Geburt meines Sohnes zu überstehen und die Last und das Leid von anderen mitzutragen. Wie Du weißt, haben sich alle Befürchtungen in Bezug auf unseren verflüchtigt. Er ist ein ganz gesundes Kind geworden.

Lieber Heiko, ich wünsche Dir von ganzem Herzen eine solche Hoffnungs- und Vertrauenserfahrung, doch ich befürchte, Du hast Dich schon so stark in die Sichtweise des untergehenden Petrus verrannt, dass Du nur noch Hoffnungslosigkeit und Verzweiflung sehen kannst, weil Du sie sehen willst. Dreh` Dich um, schau` in die andere Richtung. Kehre um und lass Dich auf die Vertrauen, Hoffnung und Liebe spendende Kraft ein, für die der „Christus auf dem Wasser" ein Symbol ist.

Ob die Welt zugrunde geht oder ob das Rettende uns noch zuwächst ist offen. In meinen eigenen Wandlungen bin ich zu der Einsicht gelangt, dass uns das, was die Welt und uns noch retten kann, gerade dann sichtbar wird, wenn wir uns ganz auf die beschriebene Kraft einlassen.

Lieber Heiko, weil Du mich magst, hoffe ich, dass Du über diesen Brief nachdenkst.

Dein Paul

*Geschrieben für den „Gottesdienst in anderer Gestalt" mit dem Thema: „Die Kraft, Deine Angst zu umarmen" anlässlich des **Jugendtages 1983 unter dem Motto: Umarme Deine Angst!***

(Entworfen und gestaltet
von der Künstlerin Sibille Pannen /echter Name)

Tragik-

Tragendes - Vertrauen

oder

Tragik-getrübtes

Versaue(r)n

???

?

Reliquienfreies Gedenken an Adolph Kolping

Als ich in der Tagespresse vom nachtodlichen Schicksal des Adolph Kolping erfuhr, habe ich nach anfänglichem, ungläubigen Staunen über so viel Mittelalterlichkeit für alle, die des Adolph Kolping reliquienfrei gedenken wollen, ein Lied geschrieben und es während eines Gemeindetages im Oktober 1991 während eines offenen Singens mit der Band „Paxophon" und dem Gesangsensemble „Salvaton" vorgestellt.

Reliquienfreies Gedenken an Adolph Kolping

In Deinem Ringen um mehr Menschlichkeit
ist Dein Herz nicht erkaltet.
In Deinem Wirken gegen die Not der Zeit
lebt ein Impuls, der nie veraltet.

Anstatt nun Deinem Weg zu folgen,
wird Dein Leichnam exhumiert.
Für die Reliquienverehrung
werden Deine Gebeine seziert.

Und nun der Höhepunkt: Der Vatikan bekommt
einen Splitter Deiner Knochen!
Und dann wirst Du im Rom vom Papst
feierlich selig gesprochen!

Was würde Jesus wohl zu alledem sagen,
könnten wir ihn jetzt befragen?
Wahrscheinlich: Lasst die Toten Gebeine verehren!
Ihr aber sollt die Liebe mehren!

Der Vorsitzender der ortsansässigen Kolpingfamilie äußerte sich zustimmend:
„In der Tat hat auch uns die Art und Weise, wie mit den sterblichen Überresten Adolph Kolpings verfahren wurde, befremdet. Wir haben unsere Bedenken in einem Offenen Brief an den Protektor des Internationalen Kolpingwerkes, Joachim

Kardinal Meisner, zum Ausdruck gebracht. ... Wir erhielten ein Antwortschreiben ... (das) die Rekognoszierung verteidigte.... Die Entnahme von Reliquien sei seit der Urkirche üblich. Aus meiner Sicht könnte man getrost auf solche Aktivitäten verzichten. Adolph Kolping ist in den Herzen derjenigen, die sein Gedankengut schätzen und seiner Menschen-Liebe nacheifern, längst selig gesprochen. "

Aus einem Augenzeugenbericht
über die Öffnung des Kolping-Grabes

„Es kann einem die Freude über die Seligsprechung schnell vergehen, wenn man bedenkt, welche Schritte die Kirche vor der Seligsprechung für notwendig erachtet. ... Adolph Kolpings Grab wurde unter dem Deckmantel eines kirchlichen Prozesses zweimal geöffnet, seine Gebeine akribisch erfasst und notariell beglaubigt. Für mich grenzt dieses abscheuliche Ritual an Leichenfledderei. Es ist pietätlos die Grabesruhe eines Diener Gottes mehrmals öffentlichkeitswirksam zu stören und entwürdigend, seine Gebeine 125 Jahre nach dessen Tod in pseudoadministrativer Weise zu befingern und aufzulisten. Gerade dies geschieht in einem Prozess, der, will er das Werk Kolpings objektiv bewerten, andere Dinge betrachten sollte als ausgerechnet dessen kümmerliche physische Überreste. "
A. Roehe (Abgedruckt im Kolpingblatt Mai 1991)

Von 1985 bis 1993 (beg)leitete ich mit einem Diplom-Meterologen eine **Jugend-Ökologie-Initiative** bei etlichen ökologischen Aktionen, Ökologietagen und Öko-Freizeiten. Bei der Teilnahme an zwei städtischen Umweltwettbewerben gewannen wir 1987 den ersten und 1988 den zweiten Preis.

Von 1979 bis 2001 führte ich mit einem jeweils geschulten Team **jährliche Jugend-Sommer-Freizeiten** mit etwas 30 – 45 Jugendlichen im sonnigen Ausland durch, außer 1995 - 1997: In diesen Jahren organisierte ich **Tournee-Freizeiten** auf der Insel Rügen mit Band und Gesangsensemble zur Aufführung eigener Music-Textivals: *„Martin Gray: Der Schrei nach Leben"* 1995, *„Seid Ihr noch zu retten?"* 1996 und *„Umkehr-Kur(s)"* 1997

Jugend-Freizeit Idro-See 1999

Sommer, Sonne: Idro-See
in Italiens Alpenwelt.
Steile Berge, Gipfelschnee:
Panorama, das gefällt!

Jugendfreizeit: Vierzehn Tage,
Camping-Platz direkt am Strand.
Und der See in seiner Lage
ein Geheimtip, kaum bekannt.

Vierzehn Jungen und zwölf Mädchen,
aus der Stadt und auch vom Land.
Eine Mischung, wohl gelungen,
die sich bald als Gruppe fand.

Und ein Team, frohgemut
hier und jetzt als Mitstreiter:
Kathrin, Marianne, Knut
und auch Paul als Team(beg)leiter.

In den Rückmeldungen findet
sich der Satz in Schrift gefasst:
Ihr wart Freunde, die auf uns
auch ein bisschen aufgepasst!

Kreative Angebote,
um die Freizeit zu gestalten.
Sportlich Interessierte konnten
sich im Wind-Surf-Kurs entfalten.

Unter`m Motto: Wähl` das LEBEN!
eine Nacht der Meditation.
Ein besonderes Erleben
mit Liedern, Texten und Aktion.

Auch ein Ausflug nach Verona
zu den Sehenswürdigkeiten
in der weltberühmten Altstadt
mit den Licht- und Schattenseiten.

Abends vorher wurde sie
in das nächste Hospital
eingeliefert: Annemie!
Hohes Fieber, Magenqual!

Doch ansonsten keine Krankheit,
die im Urlaub Horror ist!
Unbeschwerte Ferienzeit
und nur selten `mal ein Zwist!

Laue Abende am Strand,
fröhliche Kontaktgestaltung!
Manches neue Liebesband!
Manche ernste Unterhaltung!

Um die offene Jugendarbeit
weiterhin auch zu entfalten:
Werbung neuer Mitarbeiter,
die die Arbeit mitgestalten.

Das erfreut den Jugend(beg)leiter!

Eine satirische Abschiedsrede
für einen blendenden Jugendpfarrer

Lieber Hartwig Protzki!

Zu Deiner *Verabschiebung* ... eh ... Verabschiedung möchte ich Dir *ein paar schmerzliche ... eh ...* ein paar herzliche *Worte klagen ... eh ...* Worte sagen! Die Zeit, die Du bei uns *verkracht hast* ... eh ... verbracht_hast, *war furchtbar!* ... eh ... war fruchtbar! Du hast Dich *um nichts gekümmert!* ... eh ... um nichts so gekümmert, wie um die *schmierige Begleitung der Jugendarbeit ... eh ...* die schwierige Begleitung der Jugendarbeit. Auch vieles andere *war Dir nicht so wichtig! ... eh ...* war Dir richtig wichtig! Im Mittelpunkt *Deines Ruh`ns ... eh ...* Deines Tuns stand *die Gemeinheit ... eh ...* die Allgemeinheit *und ihr Wohl und ... Wehe, es ging nicht um Dich! ... eh ...* und ihr Wohl und Wehe! Es ging nicht um Dich! *Was haben wir von Dir gelernt? Dich um Dich kreisen lassen ... eh ...* Die Umsicht kreisen lassen, *die Lage richtig einschwätzen ... eh ...* die Lage richtig einschätzen *und dann zünftig verschandeln ... eh ...* und dann vernünftig handeln. *Es ist nicht schade, wenn Du gehst ... eh ...* Es ist schon schade, wenn Du gehst! Bei Deinem *scheiternden beruflichen ... eh ...* weiteren beruflichen *Herdenfang als Pfarrer ... eh ...* Werdegang als Pfarrer *verwünsche ich ... eh ...* wünsche ich Dir *eins auf die Schnute ... eh ...* noch alles Gute!

(Geschrieben zur Verabschiedung eines Jugendpfarrers, aber weder gehalten noch bisher veröffentlicht)

Blendend

Du glaubst doch nicht im Ernst, dass er es ernst meint
mit dem, was er zum Abschied Dir geschrieben hat!?
Nur als Satire kann ich es ertragen,
was da gedruckt steht im Gemeindeblatt.

Du gehst, weil es schon lang` nicht mehr gegangen:
Die kollegiale Arbeit ist gestört!
Dein egomanisch verzerrtes Verlangen,
Dich blendend zu entziehen, hat Dich versehrt.

Ich weiß, es ist nicht leicht, ein Mensch zu werden,
der sich der Menschen Leid und Freuden annimmt.
Ein Pfarrer, der mit sich nicht übereinstimmt,
wird sich nur wie ein Seelsorger gebärden.

Authentisch warst Du dann, wenn Du gelitten.
Das Leiden hat Dir oft die Show gestohlen.
Doch auch Dein Leiden hast Du häufig unverhohlen
für Deine blendende Performance zugeritten.

Strategisch klug hast Du DAS WORT geschwungen,
Dir immer (D)einen Vorteil zu erringen.
Es ist Dir wirklich blendend gelungen,
die Kritiker zum Schweigen zu bringen.

Du hast uns oft mit Zuckerbrot und Peitschenhieb
traktiert, um Deine Sichten durchzusetzen.
Mal warst Du beinhart und mal schmeichellieb!
Das Einzige, was wir noch an Dir schätzen
ist, dass Du endlich gehst!

*(Anspielung auf den „Abschieds-Schleim" des Pfarrkollegen
Dr. Großgoschner für den scheidenden Jugendpfarrer
Hartwig Protzki im Gemeindeblatt 8/1999)*

Jugend-Kultur-Tage „Hinz und Kunst - Hin zur Kunst" am 11./12.11.2000

KuMuLi, das Forum für
Kunst, Musik und Literatur
öffnete erneut die Tür
kreativer Jung-Kultur.

Die Kultur von jungen Leuten
unter`m Motto: „Hinz und Kunst"
nutzte nun der Stunde Gunst,
bot sich an zum Selberdeuten.

Bei der Kunstausstellung zeigten
einundzwanzig KünstlerINNEN
in den Bildern und Skulpturen
ihr geheimes Ansinnen.

Menschliches in Wahr-ianten,
brüchig, fremd, doch sehnsüchtig
nach dem heilsam schon Benannten,
näh(e)rte in den Werken sich.

Unerwartet viele Hörer
fanden sich zur Lesung ein.
Jugendliche Wortbeschwörer,
fast ein Dutzend, ungemein

motiviert, boten nun zwei
Stunden lang mancherlei
literarische Gerichte:
Kurzgeschichten und Gedichte.

Ein Konzert mit sieben Bands:
Viele jugendliche Fans!
Heftige Musik-Events!
Ausgelass`ner Pogo-Dance!

Heavy Metal, Rock und Punk,
und dazu manch` kühler Trank!
Wenn der Funke übersprang,
stürmisch-lauter Beifall-Dank!

Und am zweiten Tag Turniere:
Ringen um den Preisgewinn!
Mit-dabei-sein war der Sinn,
nicht so sehr, wer letztlich führe.

Interessierte Zeitgenossen
fanden bei der Kunst sich ein,
würdigten den Werke-Hain,
bis die Ausstellung geschlossen.

Eine bunte Resonanz
stärkt und fo(e)rdet die Gestaltung
schöpferischer Neu-Entfaltung
im gestalterischen Tanz
auf jugendkultureller Spur
für neue Tage der Kultur.

Sechs zweitägige **Jugend-Kulturtage** *fanden nach ähnlichem Muster statt:* **„Living Art"** *1998 -* **„Out-of-frame"** *und* **„EyesZeit"** *1999 -* **„ARTiSCHOCKe"** *und* **„Hinz und Kunz - Hin zur Kunst"** *2000 - und* **„Mindstrip"** *2001*

Offener Brief an das Presbyterium
der Ev. Kirchengemeinde Lürich
vom 06.06.2002

Sehr geehrte Damen und Herren des Presbyteriums!

Die unendliche Geschichte meiner Trennung von der Evgl. KG Lürich ist noch nicht zu Ende! Oder wollen Sie diese gar nicht beenden? Haben Sie vielleicht vor, mir meine ehemalige Arbeitsstelle wieder anzubieten - nach dem undurchsichtigen Fiasko mit meinem Nachfolger? Oder was ist der Grund dafür, dass Sie mir bisher das im Aufhebungsvertrag vereinbarte und bis zum 30.09.2001 (!) auszustellende Arbeitszeugnis verweigert haben, trotz mehrfacher informeller Nachfrage meinerseits über Ihnen nahestehende Personen? Ist Ihnen bewusst, dass das Arbeitszeugnis seit mehr als acht Monaten überfällig ist? Ist dies nicht auch ein Armutszeugnis?

Können Sie sich ausmalen, wie die Verantwortlichen mit mir umgegangen wären, hätte ich mir eine solche Aufhebungs-Vertrags-Vereinbarungs-Verletzung zu Schulden kommen lassen...?...?...!!!: Nach der jahrelangen Zerrüttungsgeschichte, in der man mich als moderaten Kirchenkritiker schnell zum Sündenbock abstempelte und mich mit „Spasti" (Subtil-Pastoral-Instrumentalisierung) - und wenn das nichts half - mit „Spasmo" (Subtil-Pastoral-Mobbing) - wenn auch ohne den gewünschten Erfolg - behandelte, um mich..., ja, was denn bloß? ...? ...? ...!!!

Oder fällt es den Verantwortlichen zu schwer, ein angemessenes Arbeitszeugnis zu schreiben, frei von den „wohlgemeinten" Vorurteilen und blinden Flecken in Bezug auf meine 25-jährige kreative und umfangreiche Kinder-, Jugend- und Erwachsenen-arbeit?

Im Aufhebungsvertrag heißt es unter § 5 „Die Kirchengemeinde erteilt Herrn M..... ein Arbeitszeugnis, das sich auf Führung und Leistung erstreckt und ihn in seinem beruflichen Fortkommen nicht behindert." In einer E-Mail an einen mit mir befreundeten Mitbürger, in der ein Pfarrer eine fragwürdige Version der Trennungsgründe, über die doch

Stillschweigen herrschen sollte, ausplaudert, kombiniert mit unhaltbaren Behauptungen, schreibt er zum Thema Arbeitszeugnis: „Wir sind juristisch verpflichtet worden, ein neutral-positives Arbeitszeugnis zu schreiben."

Dieser Verpflichtung sollten Sie nun endlich nachkommen! Damit dies in adäquater Weise gelingt, füge ich Ihnen eine stichwortartige Übersicht über 25 Jahre meiner pädagogischen Arbeit bei!

Ich muss allerdings darauf bestehen, dass das Arbeitszeugnis mir in spätestens zwei Wochen zwecks beruflicher Fortbildung vorzuliegen hat!

Falls Sie mich weiterhin so unverschämt warten lassen, werde ich entsprechende arbeitsrechtliche Schritte einleiten! Das gleiche gilt, wenn das dann endlich ausgestellte Arbeitszeugnis nach fachlicher Prüfung nicht der Vereinbarung in § 5 des Aufhebungsvertrages entspricht!

Die erwähnte E-Mail, die mir schriftlich vorliegt mit der Erlaubnis des Adressaten, sie entsprechend zu nutzen, werde ich im Zusammenhang einer Aufarbeitung meiner fünfundzwanzigjährigen Arbeits- und Leidenszeit in Ihren Gefilden adäquat abhandeln und persönlich an alle die vielen Menschen weitergeben, die in Solidaritätsbekundungen ein ehrliches Interesse an einer ungefärbten Aufklärung geäußert haben. Der E-mailende Pfarrer hat mir vorexerziert, wie man das macht! Doch nicht nur er: Mir liegen auch weitere bestätigte Hinweise ähnlichen Vorgehens anderer Personen aus Ihrem Umkreis vor! Die unendliche Geschichte ist noch nicht zu Ende!

Zum Schluss noch eine besondere Kuriosität: Von meiner Abf(e)indung erhielten Sie einen Kirchensteuerbetrag in vierstelliger Höhe. Dieser steht Ihnen zwar rechtlich zu, doch seine Erhebung unter den obwaltenden Bedingungen wird weder von mir noch anderen verstanden, geschweige denn gutgeheißen. Wollen Sie das von Ihnen mitverschuldete Unverständnis - auch bei noch Wohlmeinenden - nicht weiter vertiefen, dann überdenken Sie einmal, ob dieser Betrag nicht doch zu meiner Abfindungssumme gehört - vor allem auch, weil ich Ihrer Kirche seit dem Buß- und Bettag 2001, meinem Umkehrtag, nicht mehr angehöre: Aus vertiefter Einsicht, nicht aus Geldgründen!

In der Erwartung
baldiger Erledigung des Angemahnten grüße ich Sie,

Paul Modul

Traum
vom gefangenen Christus
in der Abstellkammer einer Sakristei

Ich befinde mich im Traum als Zuschauer in einer christlichen Gemeinde. Nach einem Gottesdienst versammeln sich mehrere Pfarrer in der Sakristei ihrer Kirche. Dann lassen sie Christus, der in der Abstellkammer der Sakristei hausen muss, aus dieser frei, um sich mit ihm einmal wieder zu unterhalten. Er macht ihnen große Vorwürfe, dass sie ihn gefangen halten und nicht im Gottesdienst in die Mitte seiner Gemeinde lassen. Die Pfarrer rechtfertigen ihr Tun sehr eloquent mit dem immer wiederkehrenden Argument, sie könnten ihn ihrer Gemeinde nicht zumuten, da die meisten Gemeindeglieder ihn nicht pur ertragen würden. Dafür wären sie ja als Pfarrer da, um ihn der Gemeinde zu predigen und diese langsam an ihn heranzuführen. Würden sie ihn mit in die Gemeinde nehmen, würden die meisten Schäfchen aufgrund seiner radikalen bedingungslosen Liebe vor ihm und der Gemeinde flüchten. Alle Gegenargumente von Christus nützen ihm nichts! Die Pfarrer - sonst oft sehr zerstritten - sind sich in dieser Angelegenheit einmütig einig: Christus sollte in der Sakristei als Gefangener bleiben und ihnen ab und zu als Gesprächspartner dienen.
Ich finde das ganze - eindeutig herrschaftserhaltende - Pfaffentheater absurd und wundere mich nur, dass Christus dies trotz seines Protestes weiter hinnimmt. Ich frage mich, wie lange noch.

Traum von kirchlichen Stolperstangen

Weil die Kirche an einem massiven Vertrauensschwund und zunehmenden Mitgliedermangel leidet, haben sich die Pfarrer in der evgl. KG Lürich eine besondere Aktion ausgedacht, um Menschen wieder aufmerksam zu machen auf die Menschenfreundlichkeit der Kirche und besonders ihrer Gemeinde.

Sie haben in einer verdeckten Aktion unter dem Gehsteig vor dem Gemeindebüro einen Mechanismus angebracht, der vom Gemeindebüro aus gesteuert werden kann. Es handelt sich um die Möglichkeit, per Knopfdruck aus dem Gesteig blitzschnell und kaum wahrnehmbar kurze Stolperstangen hochzuschieben. Wenn nun jemand vorbei geht, soll er dieser Stolperfalle ausgesetzt werden. Falls er fällt, lässt man die Stangen per Knopfdruck sofort wieder verschwinden. Von einem Helferkommando aus dem Gemeindebüro wird der Gefallene aufgesammelt, freundlich verarztet und wenn nötig per Gemeindebus ins Krankenhaus oder nachhause gebracht. Man hofft, das derjenige, dem dies widerfährt ohne dass er den diabolischen Hintergrund bemerkt, sich der Kirche gegenüber offener zeigen wird. Im Traum hoffe ich nur, dass möglichst viele Menschen diese gemeine Täuschung durchschauen, sich dagegen wehren und sich angewidert abwenden!

Kritischer Kirchentraum eines scheidenden Bischofs

„In einem Hörfunkinterview im Südfunk vom November 1980 zum Thema «Träume von der Kirche» erzählte Bischof Heidland *(echter Name)* anlässlich seiner Verabschiedung und Pensionierung als Bischof der evangelischen Landeskirche in Baden folgenden Traum:

Ich befinde mich in einer großen Backsteinkirche, wie man sie häufig in Norddeutschland findet. Es war so wie nach einem Bombenangriff im Krieg. Das Dach war durch Naturgewalten abgetragen. Es wehte ein ganz starker Wind, beinahe ein Sturm. Backsteine, Mörtelstücke und Staub fallen auf mich herunter. Ich hatte Mühe, aus der Kirche herauszukommen, damit mich diese Trümmer nicht verletzten.

Draußen befinde ich mich in einer Menge von Leuten, die ebenfalls ins Freie strömt. Es geschah jedoch nicht hastig, sondern eher so, wie man sonntags ins Grüne geht. Plötzlich war es nun so, dass der Wind nicht mehr den Charakter eines Sturmes hatte und blauer Himmel über uns war. Außerhalb der Kirche war frische Luft, die einen wieder atmen lässt.

Ich verlasse die große ehrwürdige Kirche und den Staub, der da herunterfällt. Obwohl ich noch nicht genau weiß, wo ich mich hinbewegen soll, bin ich innerlich ganz friedlich und ruhig. Ich bin gewiss und weiß, dass es gutgehen wird. Die Freiheit, in etwas Grünes und Frisches zu gelangen, spürte ich deutlich.

Tiefenpsychologisch betrachtet, ist dieser Traum ein ganzes Stück weit durch den Abschied von dem hohen kirchlichen Amt verständlich. Ähnlich wie der Bischof die Kirche im Traum verlässt, verlässt er sie auch anlässlich seiner Pensionierung. Bei dem Abschied, der meistens viele Menschen ängstigt oder zumindest wehmütig stimmt, erlebt der hohe kirchliche Amtsträger in seinem Traum eine friedliche Gestimmtheit, wie es heißt: «Obwohl //(S. 19) ich noch nicht genau weiß, wo ich mich hinbewegen soll, bin ich innerlich ganz friedlich und ruhig.» Doch wir wollen uns hier nicht in das subjektive Befinden des Träumers vertiefen, sondern seine Vision von der Zukunft der Kirche hören: «Ich glaube, dass wir großen Veränderungen in der Kirche entgegengehen, was die Gestalt und Struktur der Kirche betrifft. Ich glaube, wir brauchen frischen Wind in der Kirche, der uns unter Umständen manches Unangenehme ins bisherige Konzept bringt!» ... Bischof Heidland beklagt in diesem Interview, dass die üblichen gesellschaftlichen Lebensformen und die traditionellen Glaubensformen der Kirche viele Menschen beeinträchtige. Andererseits heißt es in der Trauminszenierung des Bischofs: «Außerhalb der Kirche war frische Luft, die einen wieder atmen lässt.

Ich verlasse die große ehrwürdige Kirche und den Staub, der da herunterfällt.» Dieses Traummotiv wirft auch die Frage auf, warum nicht frische Luft und frischer Wind innerhalb der Kirche wehen.

Der Bischof und Seelsorger erlebt hier in der eigenen Seele, was ich aus zahlreichen Kirchenträumen erfahren habe. Viele Menschen, die ein sogenanntes kirchliches Leben führen oder sich in der Kirche engagieren oder gar Mitarbeiter der Kirche sind, streben in ihren Träumen aus der Kirche heraus ... Nach meinen Erfahrungen hat das Verlassen der Kirche etwas zu tun mit einer zu starken Beeinträchtigung und Einengung durch erstarrte kirchliche Glaubensformen. ...

(In: Helmut Hark – Vom Kirchentraum zur Traum-Kirche. Olten 1987, S. 19 f)

In
EurerKirche
suchte
ich
den Aufgang,
nicht den Ausgang,
die Aufrichtung und nicht
die Ausrichtung, geschweige denn
die Abrichtung in Eurer Einrichtung!

(Am Buß- und Betttag 2001 bin ich aus der Kirche ausgetreten und habe die folgenden Gedichte dem Presbyterium mit meiner Kirchenaustrittserklärung zugesandt.)

Unerhört

wer gestörtes stört,
gilt schon als verschwörer.
trifft er auf nicht-hörer,
bleibt er: Unerhört!

wird ihm schmerzlich nun bewusst,
dass er nichts bewegen kann,
und er geht, vermeldet man:
Keinerlei Verlust?

(Für J. M.
nach seinem Austritt
aus dem Presbyterium)

Aber - GLAUBEN

Wahrer GLAUBEN richtet auf
und entthront den Aberglauben.
Führt zum Bruch im Lebenslauf,
lüftet   alle   Kirchenhauben.
Widersteht mit seiner Kraft
aller Ab-und Ausrichtung,
formuliert
die
Glaubens-
Botschaft im
Prozess der Aufrichtung.
Alle überkommene Lehre
prüft er hin auf Transparenz
für die All - EINE - Präsenz
der gefü/h/l/l/ten Gottesleere.
Und Be f r e i endes befreit
auch im Formulierungsstreit
über das Befreiende!

Aufgerichtet bin ich frei

Ich hab`s
probiert mit Eurem Glauben
und seinen eignen Heilsversprechen.
Doch wollte er mir nicht erlauben,
mit allem Ir - ri - gen zu brechen.
Er predigt uns die Aufrichtung der
Menschen in der Plusgestalt und
fordert dann die Ausrichtung
an seinem gnaden-
vollen Halt.
Doch auf-
gerichtet bin

ich frei von jeder
Form der Ausrichtung!

Glaubenssuche

Gegen Eure Heilsversprechen
werden Menschen resistent,
lassen sich nicht mehr bestechen,
leben einfach abstinent.
Ignorieren Euer Werben
für verstaubtes Nur-Geglaube,
wollen es nicht mehr ererben
unter Eurer Kirchenhaube.
Wer den GLAUBEN sucht, will spüren,
wie ihn ALL-PRÄSENZ durchdringt
und ihm Liebeslieder singt,
wartet vor geheimen Türen:

Bis sie ihm sich öffnen werden
und ein sanftes All-Erbarmen
ihn umfängt mit allen Armen,
und mit liebenden Gebärden
ihn befreit von den Beschwerden
des nur Klerika/h/l - Erlaubten,
Kirchlich-Christlich-Angeglaubten.

Wankelmythisch

Der Christen
Glaube? Mythos-Tour
auf fraglicher Historienspur!
Gebroch`ner Mythos, der geglaubt,
den Mythos nicht zu schau`n erlaubt
als Mythos,
als die Götter-Speise,
die nährt auf der Bewusstseinsreise
zur mensch-menschlichen Ur-Gestalt,
wenn sie nicht fehlgeglaubt verhallt
im wankel - mythischen Gezeter
als ein Geglaube-Wackelpeter.

Was herrscht,
ist der Geglaube-Mix,
die Religion als Morphium
für stets ersehnte Glaubenskicks
im täglich-trüben Um-und-Um,
im Leben, Lieben, Leiden.
Das Christ - Geglaube?
Mythos - Mix aus Vater,
Sohn und heil`gen Knicks!

(Für Eugen Drewermann)

Fesselnde Befreiung

Was hilft
es denn, wenn
ein Befreier kommt,
der mir die Fesseln löst
und mich zur Mitte führt,
zum frischen Lebenswasser,
wenn er mich dort doch
wieder fesselt an
seine
Sichten
von Befreiung.

Ich will das Quicklebendige nicht
neu gesäumt und eingezäunt.
Ich will es sanft und mild.
Ich will es rau und wild,
so wie es unverformt
sich mir gewährt.

Ich will es nicht mehr eingesperrt,
auch nicht in der Befreiung,
die doch nur wieder fesselt!

Jetztseits IST das „Gottesreich"!

Jetztseits
ist das Gottesreich,
das der Nazarener schaute.
Präsentisch webend, güteweich,
dem er sich lauschend anvertraute.

Jetztseits ist das Reich der Liebe.
Nur wenn wir es jetztseits lassen,
wird es trotz der Gegenhiebe
uns lebendiger erfassen.

Immer kommt es auf uns zu,
weicht uns die Verhärtung auf.
Niemals lässt es uns in Ruh`
bei dem egohaften Lauf
durch das antastbare Leben.

Jetztseits führt es auf die Lichtung,
will uns liebevoll erheben
in die Präsenz der
Aufrichtung.

Sei doch nicht nur normal!

Sei doch nicht nur normal!
Und streichele die Seelen
der Gegner und Deiner Feinde
auch in Deiner Fantasie:
So dass der Hass sich Dir entzieht
und ihre Bilder in Dir
sich freundlicher gebärden.
Denn nur so werden
Dir jene Kräfte auch geboren,
in denen Du gegoren,
verwandelt wirst, dem Gegner
und auch dem Feinde
durchlöster zu begegnen,
um so vielleicht die Gegnerschaft
ein wenig zu entfeinden
und auch so manche Feindschaft
um Grade zu entgegnern.

Ein „Christus"-Traum

Und mitten in der Nacht ein Krach!
Es bersten jäh die Kirchenmauern!
Der Christus bricht durch`s Kirchendach!
Das Kirchliche ist ihm zu flach!
Er will in ihm nicht mehr versauern!
Zu lang` ist er schon mit getrottet,
hat alles liebevoll ertragen,
bis man ihn kirchlich abgeschottet
und ihn dogmatisch eingemottet.
Jetzt will er sich in Weite wagen!
Willst endlich werden,
der D U B I S T :

Als immanente Transzendenz
der EINEN - LIEBE Ur-Präsenz,
in deren Licht der Mensch ermisst,
was Allverbundenheit im Zwist
bewirkt an lichter
Konsequenz!

Noch leuchtet erst der Morgenstern

Der Weg, der zu Euch hingeführt,
geht weiter, über Euch hinaus.
Die Achtsamkeit, die ihm gebührt,
vermisse ich in Eurem Haus.

Ihr glaubt, der Weg, er sei zu Ende!
Der Gipfel sei mit Euch erreicht!
Doch durch`s gebirgige Gelände,
der Weg sich schlängelnd weiter schleicht.

Des Berges Gipfel ist noch fern!
Der Aufstieg wird noch lange währen!
Noch muss der Most zum Weine gären.

Noch leuchtet erst der Morgenstern.
Doch schenkt er uns schon das Vertrauen,
mit ihm den Abendstern zu schauen.

Meine Entdeckung von
Willy Obrist,
dem „Darwin der Bewusstseinsevolution"

Willy Obrist *(echter Name)*, geboren 1918, studierte Philosophie, Geschichte und Medizin und ließ sich dann als Facharzt für innere Krankheiten nieder. Nach mehreren Jahren ärztlicher Praxis absolvierte er die Ausbildung zum Analytiker am C. G. Jung-Institut in Zürich. Dort war er langjähriger Dozent für tiefenpsychologische Theorie.

Seit 1970 ist er Mitarbeiter der Stiftung für Humanwissenschaftliche Grundlagenforschung (Zürich) mit dem Forschungsschwerpunkt Evolution des Bewusstseins / Wandel des Weltbilds.

Außerdem ist er Mitbegründer der Schweizerischen Gesellschaft für Religionswissenschaft, der Stiftung für Jung`sche Psychologie (Zürich) und der Stiftung zur Förderung der Philosophie (Mönchengladbach).

Der bekannte Hirnforscher **Gino Gschwend**, Entdecker des Gesamtintegrationssystems im Gehirn schrieb in der Schweizerischen Ärztezeitung:

„Das zentrale Thema in Obrists Werk ist der Wandel des Welt- und Menschenbildes, der die Ursache der gegenwärtigen Orientierungskrise ausmacht. Das Neue an Obrists approach zu diesem schon viel besprochenen Thema ist nicht nur, dass er es unter dem Blickwinkel der Bewusstseinsevolution ins Auge fasste, sondern wie er es tat. Bis in die siebziger Jahre war die Evolution des Bewusstseins umstritten, da die bisherigen Nachweisversuche der Kritik nicht standhielten. So sah sich Obrist gezwungen, vorerst nach einem methodischen Ansatz zu suchen, der greift. Dabei gelang ihm für die Evolution des Bewusstseins das, was seinerzeit Charles Darwin für die Bioevolution gelungen ist: der methodisch einwandfreie Nachweis, dass sich eine solche ereignet hat." (Schweizerische Ärztezeitung, Band 71, Heft 44/1990)

Ich bin auf Willy Obrist beim Kirchentag in Berlin im Wendejahr 1989 „gestoßen". Bekannte Schriftsteller nennen es „Büchervorsehung", was mir da geschah – und was sich in meinem Leben schon häufiger äußerst fruchtbringend ereignet hat.

In einer Kirchentagsbuchhandlung fiel mir sein Buch: „Neues Bewusstsein und Religiosität. Evolution zum ganzheitlichen Menschen - 1988" in den Blick. Neben Begegnungen mit Freunden am Wannsee bestand die sonstige Kirchentagzeit darin, mich in die Halle der Stille auf eine Ruhematratze zurückzuziehen und das Buch zu „verschlingen". Die Lektüre war eine mittlere Offenbarung und leitete im Wendejahr meine sich schon seit 1983 andeutende „Präsentosophisch-Integrale Wende" (siehe Brief zu meinem „Gottestraum" S. 29 - 33) nach der existentiellen Wende 1964 und der spirituellen Wende 1973 nun endgültig ein - verbunden mit einer Vision:

Während ich einmal im Freien relaxend in der Sonne saß und die vielen jungen Menschen in die Kirchentags-Messehallen strömen sah, verwandelte sich der Messehallenkomplex in einen riesigen alten sterbenden Mann, der durch das Kirchentags-Jungvolk noch ein wenig Lebensenergie für eine nur noch kurze Zeit zugeführt bekam. (Tagesrest: Zur gleichen Zeit lag Khomeini im Sterben und wurde mit Jungfrauenfrischblut behandelt, was sein Leben aber auch nur um ein paar Tage verlängerte!)

Meine Vision ließ mich in überdeutlicher Klarheit schauen, dass auch Kirchentagsaufbrüche die realexistierende Kirche nicht mehr retten können! Dass ich dann doch noch so lange bei Kirchens (bis 2001) mitgearbeitet habe, liegt an meiner tiefenpsychologischen und tiefentheologischen Einsicht in die symbolische Bedeutsamkeit des christlichen Mythos als wichtigem Schritt in der alteuropäischen Bewusstseinsevolution, wenn man ihn symbolisch, d.h. personal-tiefenpsychologisch-individuations-fördernd und nicht historisch-faktisch-wörtlich nimmt. *(Die Bibel nicht wörtlich nehmen, sondern wirtlich!)* Meine Hoffnung, diese befreiende Einsicht könne sich in der real(vegetierend)en protestant(agonist)ischen Kirche noch durchsetzen und sie nach ihrem sich gerade vollziehenden

Sterben und baldigem Tod zu einer neuen Auferstehung „begnadigen", hat sich dann aber immer mehr zerbröselt.

Als „Darwin der Bewusstseinsevolution" hat Willy Obrist das, was Jean Gebser bei seiner inspirierten Erforschung der Bewusstseinsmutation eher intuitiv erfasste, in jahrelanger interdiszipinärer Forschung wissenschaftlich nachgewiesen.

Sein Fazit lautet: Religion als >>ein soziokulturelles Gebilde, vom archaischen Weltverständnis geprägt << ist heute nicht mehr haltbar. Was aber bleibt, ja, sich neu entwickelt, ist >>Religiosität<< als >>eine Haltung, die für ein ganzheitliches Menschsein wesentlich ist<<. Dabei gewinnt das erweiterte Empirieverständnis der Tiefenpsychologie und ihre Entdeckung, das Mythos Gestaltung des Unbewussten ist, eine neue aktuelle Bedeutung. In diesem Lichte erscheint dann der christliche Mythos, befreit von allen archaischen und metaphysischen Projektionen, als eine lebendige Kraft bei zeitgemäßen Individuationprozessen.

Und hier nun verortet sich offensichtlich das immer wieder neu aufbrechende zeitbedingte Interesse am Christentum, offensichtlich aber meist ohne die neue Bewusstheit und damit leider noch archaisch gebannt, wenn auch postmodern „verhackstückt".

Hier kann die Sichtenwende von Willy Obrist nun wirklich weiterhelfen!

Aus einem Brief an einen interessierten Freund:

„Ich bin gespannt, ob Du mit dieser Sicht etwas anfangen kannst. Die „grundlose Inwesenheit" (sein Ausdruck für das SELBST) oder die „grundfreie Anwesenheit" (mein Begriff für das SELBST) ist das, wovon Individuation ausgeht, worum sie kreist und woraufhin sie zielt. Der christliche Mythos - als Mythos verstanden, nicht als Metaphysik! – ist dabei sozusagen der „Brennstoff der inkarnatorisch-jubilatorischen Menschwerdung" und deshalb – so verstanden – noch von Belang. Wenn die Kirchen das kapieren würden, hätten wir in ihnen große Verbündete.

Aber gerade vor diesem Heilkraut ihrer Rettung und Genesung
von ihrer Sterbenskrankheit haben sie die meiste Angst – und
deshalb ist mit ihnen auch nicht mehr zu rechnen!"
(24.02.2004)

Paul Modul   **Lürich im August 2004**

Für Interessierte:
Neben dem erwähnten Buch, das mich 1989 so „angesprochen" hat
liegt eine lesenswerte Kurzfassung des Gesamtwerkes vor:
Willy Obrist: Die Mutation des europäischen Bewußtseins –
Von der mythischen zur heutigen Weltsicht und Spiritualität,
Stuttgart 2006

Leserbrief zum Artikel von Pfarrerin Gluckenturm
zur aktuellen Situation in der Jugendarbeit - Sept.
2002 des regionalen Gemeindeblattes - mit der Bitte
um Veröffentlichung

Sehr geehrte Damen und Herren des
Redaktionsausschusses!

In der Septemberausgabe 2002 Ihres Gemeindeblattes hat Frau
Pfarrerin Gluckenturm in einem Artikel: „Zur aktuellen
Situation in der Jugendarbeit" einen Satz „losgelassen", bei dem
ich mich - und sicherlich nicht nur ich - nach dem
handlungsleitenden Interesse frage. Nach der Bekanntgabe zur
Wiederbesetzung der Jugendleiterstelle seit 1. Juli 2002 mit Frau
Irena Meier, folgt der Satz: „Dass trotz der relativ langen
Vakanzzeit alle Veranstaltungen und Kreise im Jugendbereich
nicht nur weiterlaufen konnten, sondern sogar zusätzlich neue
Gruppen entstanden, verdanken wir Frau Anja Dörr-Schott,
Studentin der Sozialpädagogik und Presbyterin, die engagiert
und menschlich >>klasse<< die Jugendlichen begleitete."

Wer nach meinem Weggang als langjähriger Jugend(beg)leiter die weitere Entwicklung mit dem undurchsichtigen Intermezzo meines Nachfolgers Jens Schuster, dem nach einigen Monaten Probezeit ohne Angabe von Gründen gekündigt wurde, im Gemeindeblatt und in der Presse verfolgt hat, weiß schon, dass der zitierte Satz von Frau Gluckenturm in der ersten Hälfte nicht der Wahrheit entspricht: Es sind nicht alle Veranstaltungen und Kreise weitergelaufen, im Gegenteil:

1. „YuKu Inn" - die über 15 Jahre alte Jugend-Kultur-Initiative ist eingegangen und mit ihr alle ihre Angebote!

2. Der „Offene Roseggerschultreff" als offener Treff für Förderschüler wurde trotz intensiver Bitten der Rektorin der Förderschule nicht weitergeführt!

3. Die Music-Textival-Band „Paxophon" und das Gesangs-ensemble „Salvaton" endeten mit meinem Weggang - ebenso das Amateur-Tonstudio „Edition AMATON"!

4. Der „Offene Literaten-Treff für jugendliche DichterINNEN" brach zusammen und wurde von mir im Kulturbahnhof als „KuBaLit" neu installiert!

5. Ein Angebot regelmäßiger Jugendberatung fand in der Vakanzzeit nicht statt!

6. Die „Beratung für Kriegsdienstverweigerer" ist nur noch telefonisch über einen auswärtigen Pfarrer möglich, der selten erreichbar ist. Ich führe sie deshalb im Kulturbahnhof ehrenamtlich weiter!

7. Die jährliche Sommerfreizeit für Jugendliche wurde 2002 nicht angeboten!

8. Die Weiterführung des Offenen Kindertreffs „Kinder-treffen-Kinder" wurde von Ehrenamtlichen geleistet, unabhängig vom Einsatz der überschwenglich Gelobten.

Eine weitere Wirklichkeitsverzerrung findet sich in der Steigerung des Gluckenturm`schen Satzes, dass in der Vakanzzeit der Offenen Jugendeinrichtung „sogar zusätzlich neue Gruppen entstanden"! Richtig dagegen ist:

9. Zwei punkige Jugendbands dürfen jetzt zusätzlich im Proberaum im Kirchturm proben!

10. Die jugendlichen „Querdenker" - auf ihre Unabhängigkeit bedacht - dürfen sich im Bonhoefferhaus treffen!

All` das habe ich in den letzten Monaten meiner Tätigkeit mit den betroffenen Jugendlichen vorbesprochen und vereinbart!

Trotzdem bin ich froh, dass der Rest meiner offenen Jugendarbeit weiterläuft und dafür ist Anja Dörr-Schott und etlichen nicht im Gluckenturm-Artikel genannten Ehrenamtlichen aus meiner Zeit wirklich zu danken, denn ohne ihren engagierten Einsatz wäre noch mehr zusammengebrochen! Insofern stimme ich dem Lob von PfrIn Gluckenturm zu, allerdings nicht in der allseits durchsichtigen „Ach-wie-toll-sind-wir-doch" - Mentalität, die den Artikel unangenehm einfärbt. Für zukünftige Gemeindeblatt-Verlautbarungen wünsche ich mir mehr Sachlichkeit und auch Wahrhaftigkeit, die ich „bei Kirchens" in meiner 25-jährigen Dienstzeit meist nur als interessegeleitete kennengelernt habe!

Mit freundlichen Grüßen

Paul Modul

(Wie zu erwarten, wurde dieser Leserbrief nicht im Regionalen Gemeindeblatt veröffentlicht und ich erhielt auch kirchlicherseits keinerlei Reaktion auf ihn – in klerika(h)l bewährter Tradition, alles Kritisch-Unangenehme soweit es geht zu ignorieren.)

Klerikahlschlag in der Jugendarbeit?

Meine Stellungnahme zum Artikel „Jugendliche sauer auf die Kirche" in: Lüricher Zeitung vom 31. Januar 2003

„Ihr sollt ein Segen sein!" so lautet das Motto des diesjährigen Ökumenischen Kirchentages. In diesem Sinne habe ich vor etwa 15 Jahren mit Jugendlichen das Cafe-Lila im Bonhoefferhaus gegründet und damit der vagabundierenden Punk-Szene, die überall raus flog oder vertrieben wurde, eine Heimat gegeben. Vielfältige Aktivitäten haben in den Jahren ein lebendiges Zentrum geschaffen. In den Proberaum meiner Jugendmusikarbeit wurden neu entstehende Jugendbands integriert. Mancher suizidal gefährdete Jugendliche konnte aufgefangen werden und die Kriminalität der städtischen Punks sank gegen Null, so die Verlautbarung der Jugendgerichtshilfe, (was von meinem Träger mit ungläubigem Staunen zur Kenntnis genommen wurde und mir ein überschwengliches Tadel-Lob einbrachte! Siehe zum Phänomen Tadel-Lob auch Seite 99ff).

Scheinbar verstehen die Verantwortlichen in der Evangelischen Kirchengemeinde unter Segen aber etwas völlig anderes, denn sie versuchen ganz offensichtlich, sich von diesen „ungeliebten" Jugendlichen zu befreien. Als nach meinem „Ausscheiden" in „einvernehmlicher Trennung von der EKG" sowohl mein Nachfolger als auch dessen Nachfolgerin die Probezeit nicht überstanden - aus welchen Gründen auch immer!? - schloss man, ohne den Jugendausschuss zu konsultieren, den Jugendbereich des Bonhoefferhauses kurzerhand mit der Begründung, man müsse das Haus renovieren, es bleibe bis zur Neubesetzung geschlossen!

Ungeachtet dieses Beschlusses dürfen weiterhin andere Gruppen wie z.B. der Kindergottesdienst, zwei Kindertreffs und der Internationale Treff für Asylbewerber (was ich sehr befürworte!) den Jugendbereich nutzen. Warum dann nicht auch die Jugendlichen des Cafe Lila, für deren Begleitung man doch sogar eine angehende Sozialpädagogin als Honorarkraft eingestellt hatte?

War das alles nur Makulatur? In den 25 Jahren meiner Dienstzeit habe ich drei Mal mit Jugendlichen den Jugendbereich renoviert - und zwar jeweils in den Ferien. Mehrfach wurde in dieser Zeit von einer Fachfirma auch der Holzboden neu geschliffen und versiegelt - und zwar immer in den Sommerferien.

Warum muss man die erneute Renovierung jetzt unbedingt in die Schulzeit legen? Hofft man, dass sich bis zur Neubesetzung der Jugendleiterstelle - die ja wahrscheinlich erst im Sommer erfolgen wird - die ungeliebte Cafe-Lila-Szene aufgelöst hat? Steckt hinter dem Ganzen eine verdeckt verfolgte Strategie? Sind die Hintergründe gar keine Hirtengründe für ... sondern Verhütergründe von ...? Nicht nur ich habe den sich zunehmend sich verdichtenden Verdacht, dass die zu meiner Zeit noch äußerst lebendige Offene Jugendarbeit im Bonhoefferhaus dem Klerika(h)lschlag einer bisher nur in der Fantasie existierenden kirchlichen Wunschjugendarbeit zum Opfer fallen soll und das auch noch mit öffentlichen Mitteln nach dem Motto: *Fast ohne alle Kirchensteuern die Jugend wieder kirchlich steuern!* Sollte ich mich täuschen, wäre ich der Erste, der sich darüber freut!

Die ausgeschlossenen Jugendlichen fühlen sich mit Recht von der Kirche an der Nase herumgeführt und im Stich gelassen! Sie sollten alle legitimen Möglichkeiten nutzen, sich baldmöglichst Zugang zum Bonhoefferhaus zu verschaffen! Und jeder Wohlgesinnte sollte sie dabei unterstützen!"

Erschienen in der Lürcher Zeitung vom 05.02.03

Hirte und Hüter sein,

nicht Hinderer und Verhüter!

Oder:

(K)Alter Rahm

in neuen Rahmen?

Antwort auf die Presse-Erklärung von PfrIn Anneliese Gluckenturm und Pfr. Dr. Fürchtegott Großgoschner im Namen des Presbyteriums der Evgl. Kirchengemeinde Lürich vom 10.02.2003 in einem Leserbrief

Vor einigen Jahren haben die Kirchen, beunruhigt über ihre wachsende Bedeutungslosigkeit im Lebensverständnis von Jugendlichen, einen großangelegten „Dialog mit der Jugend" gestartet. Dazu gehörte auch die dringliche Aufforderung an alle Gemeinden, Jugendausschüsse zu installieren. In ihnen sollten nicht nur Erwachsene sondern auch Jugendliche über ihre eigenen Belange mitentscheiden.

Ein sinnvoller Vorschlag, der aber bei den neuerlichen Bewerbungsgesprächen für die vakante Jugendleiterstelle im Bonhoefferhaus vom Presbyterium schlicht ignoriert wurde: Die vier jugendlichen Mitglieder des Jugendausschusses lud man erst gar nicht mehr ein. Als dies anrüchig wurde und ein Mitglied doch erschien, wies ihm die Jugendpfarrerin Frau Gluckenturm kurzerhand die Tür. Dabei hatte doch Pfarrer Dr. Großgoschner gerade in einem Artikel vom 31.01.2003 in der Lüricher Zeitung die bisher übliche Praxis zur Votumsabgabe von Jugendausschussmitgliedern erneut in Aussicht gestellt.

Gehört das zu den „neuen Rahmenbedingungen", unter denen in Zukunft die offene Jugendarbeit im Bonhoefferhaus „gerahmt" werden soll?

Durch die Presseerklärung von Gluckenturm und Großgoschner werden die in Leserbriefen geäußerten Befürchtungen bestätigt. Die schleichende Ausgrenzung subkulturell unbequemer Jugendlicher hat ihren Höhepunkt erreicht!

Es begann schon während meiner Dienstzeit mit der Demontage der Bänke auf dem Kirchenvorplatz mit dem offenbaren Ziel, die dort ab und zu hockenden - manchmal auch bunt gestylten - Jugendlichen aus durchsichtigen Gründen kirchlicher Imagepflege zu vertreiben. Man muss sich das auf der „Zunge des Herzens" zergehen lassen: Verantwortliche einer Kirche, die sich auf den menschenfreundlichen Jesus von Nazareth gründet, versuchen, ihnen unangenehme orientierungssuchende junge Menschen aus ihrem Blickfeld zu verbannen! Und dabei glauben sie doch, dass sich Jesus derer besonders angenommen hätte!

Die Rechnung ging aber nicht auf. Von den Bänken vertrieben, besetzten die Jugendlichen nunmehr in der Zeit von Jugend- veranstaltungen die „heilige Kirchentreppe".

Nach den „neuen Rahmenbedingungen" sollen sie nun auch von dort weichen. In mir wohlbekannt drastischer Manier übertreiben Dr. Großgoschner und Gluckenturm Begleit- erscheinungen des einzig noch lebendigen Teils offener Jugendarbeit, der Cafe-Lila-Szene, und versuchen so die angekündigten „Rahmungen" in der Öffentlichkeit zu legitimieren.

Nüchtern betrachtet sind die erwähnten Beschädigungen - zumindest während meiner 25jährigen Dienstzeit - so gering, dass sie nicht ins Gewicht fallen, vor allem auch, weil Jugendliche ihren angerichteten Schaden meist auf Heller und Pfennig bezahlt haben.

Nüchtern betrachtet sind die behaupteten Polizeieinsätze - zwei ingesamt - jeweils zum Schutz des Bonhoefferhauses vor rechtsradikalen Skinheads erfolgt - einmal sogar auf Betreiben der Polizei selbst!

Um einiger weniger Alkoholmissbräuche Herr zu werden, will man als „neue Randbedingung" ein generelles Alkoholverbot verhängen. Nüchtern betrachtet kommt dies - bei öffentlich- finanzieller Voll-Förderung - einer faktischen Ausgrenzung der meisten Jugendlichen gleich.

Sowie ich es 25 Jahre lang praktiziert habe, sollten die Verantwortlichen kein bequemes, problemflüchtiges Entweder - Oder - Ausschlussprogromm sondern ein gradwanderndes

Sowohl - Als - Auch - Konzept entwickeln, um nicht die Mehrheit der Jugendlichen von vornherein auszuladen! Denn die meisten Jugendlichen ab 16 Jahre trinken heute Alkohol - ob man das nun beklagt oder nicht - und zwar in der großen Mehrzahl sehr wohl maßvoll!

Die Christen müssten es doch wissen: Verhütung aller Art von Gewalt gegen andere und/oder gegen sich selbst (z.B. durch Alkohol) ist nur möglich im Hirte- und Hütersein für ..., nicht als Hinderer und Verhüter von ...!

Und als Einübung in Gelassenheit sollten alle ab und zu die heftige Klage des griechischen Philosophen Sokrates über die damalige Jugend in Athen lesen!

(Ganz abgedruckt in der Lüricher Zeitung am 18.02.03 und teilweise in den Lüricher Nachrichten am 19.02.03)

Brief an meine dritte Nachfolgerin

Lürich, den 15.04.2003

Liebe Cornelia Kollip!

Nochmals vielen Dank für Ihre Teilnahme an der Lesung von KuBaLit!*

Nach dem ersten sympathischen Eindruck von Ihnen wünsche ich mir - und natürlich auch Ihnen! - , dass Sie die Stelle lebendig füllen und dann auch die Probezeit überstehen! Wenn mich mein erster Eindruck nicht getäuscht hat - was ich allerdings nicht glaube - können Sie meiner Unterstützung gewiss sein!

Allerdings fordere ich Sie nochmals zu erhöhter Wachsamkeit auf! In dem „pfaffen-kollektiv-kollegialen" Beziehungs- und Arbeitsfeld sind eine Menge „Tretminen" vergraben, die man nur bei großer Achtsamkeit rechtzeitig sieht. Als „Sichthilfe" schicke ich Ihnen meine bisherigen Veröffentlichungen „zum Thema" mit. (Der Höhepunkt steht noch aus: Ein Gedichtband mit dem Titel: „Der GEIST weh(r)t (sich), wo er will!" - in Abwandlung eines biblischen Mottos: Eine Auswahl aus etwa 900 Gedichten, die ich in den letzten zehn Jahren vor meinem *Rausschmiss* zur Klärung und Verarbeitung von *Spasti* (Subtil-*past*oral-*I*nstrumentalisierung) und *Spasmo* (Subtil-*past*oral-*Mo*bbing) geschrieben habe.)

Was Sie wissen sollten: Seit Frau Gluckenturm zur neuen Pfarrstelleninhaberin der zweiten Pfarrstelle gewählt wurde - also seit Januar 2000, sind 5 (in Worten: FÜNF) Presbyterinnen und Presbyter zurückgetreten! (Die Frau hat eine enorme Quote, die vielleicht - mit Hilfe von Dr. Großgoschner - noch steigerbar ist!?)

Als letzte trat Anja Dörr-Schott aus dem Presbyterium aus, jene Anja, die sich nach meinem „Ausscheiden" ehrenamtlich um das Cafe Lila und die Fortführung der Jugendkulturtage gekümmert hat, jene Anja, die in dem beigefügten Leserbrief von und über Gluckenturm von dieser so überschwenglich gelobt wurde, jene Anja, deren berechtigte Einwände gegen die Gluckenturm`sche Verbotsmentalität schlicht übergangen wurden.

(Da Anja insgesamt positiv zur Gemeinde steht, können Sie von ihr sicherlich „auch positiv gefärbte" Einblicke bekommen!)

In der Hoffnung
auf einen wachsamen guten Start,
grüße ich Sie freundlich

Paul Modul

PS. Mein „Gemeinde-Hintergrund-Sichtungs-Durchlichtungs-Angebot" gilt weiterhin! Und als „Anti-Klerika(h)ler-Kotzeimer" eigne ich mich bestens!

(Bei Stellenwechsel muss man immer jene Doppelbotschaft der offiziell verlautbarten Fassadengründe und der inoffiziellen, tatsächlich wirksamen Motivationen sehen, um zu gewahren, warum jemand wirklich geht. Frau Kollip hat nach zwei Jahren bemühter Jugendarbeit die Stelle gewechselt.)

__KubaLit:__ Dichtertreff junger Dichter-INNEN im KuBa (Kulturbahnhof Lürich) – von mir begleitet – bei der Vorstellung ihrer ersten CD mit dem Titel: __„Nicht Ganz_Dicht? er!"__ durch eine Lesung.

Kirchen-Kur

Und
kirchbedraengt
kommt es zum Schwur:
Auf ihrer Kirch-Klaviatur
sind alle schwarzen Tasten jetzt
in die Tabu - Zone versetzt!

Es sollen nur die weißen klingen
und biederen Kirchensound erbringen!
Nur in A - Moll und in C - Dur
weisst man der Jugend ihre Spur!
Das Chaos, das die schwarzen Tasten
angeblich foerdern, lässt nicht rasten:

Verbot! Verbot! heißt die Devise!

Ist das die Antwort auf die Krise
der Kirche - auch bei Jugendlichen,
für die doch Kirche längst verblichen?

Will Kirche Zukunft noch gewinnen,
muss sie sich schleunigst neu besinnen
und sich befreien von Makulatur
der kirch-begrenz/kränz/ ten
Klaviatur.

**(für A. D. S. -
die Jugend-Presbyterin -
nach ihrem Austritt aus dem
Presbyterium u.a. wegen der
restriktiven Jugendpolitik der
evangelischen Kirchen-
gemeinde!)**

Auszug
aus einem Brief
an einen befreundeten
jungen Pfarrer vom 25.04.2003

Lieber Kurt,

Deine Anfrage/Anklage zur Opfer-Sühne-Theologie hat scheinbar etwas in Gang gesetzt bei mir, bzw. die GangART beschleunigt ... Es „ent-wickelt" mich ablösungsverstärkend aus dem ganzen, nur Befreiung postulierenden, Kirchen-Mager-Quark, der gar nicht wirklich nähren kann, sondern nur so tut, als ob, damit die Schöne-Fassade mit Ausblick-auch-auf-zukünftigen-Herrschaftsanspruch über Menschenseelen gewahrt bleibt.

In den letzten Tagen erhielt ich einen Brief einer ehemaligen Freundin ... Sie hat sich sehr intensiv mit Spiritualität aus-ein-an-der- und wieder zusammengesetzt. Sie hat lange mit (katholischer und dann auch evangelischer) Kirche gerungen und ist frustriert ausgetreten. Ihre Prägung war so stark, dass sie beim ersten Versuch, auszutreten, das Amtsgericht fluchtartig verließ, weil sie plötzlich Angst bekam, die Welt würde für sie untergehen. Erst beim zweiten Versuch gelang es ihr - und sie wunderte sich, wie unspektakulär das Ganze „abging"! Mittlerweile lebt sie mit ihrer Lebensgefährtin ein herrlich freies Leben in Süddeutschland.... Mit Bezug auf meine Geschichte schreibt sie: *„Endlich frei von diesen verlogenen Kirchenfritzen! Irgendwie schaffen die es, ihre Menschen tief zu verletzen; ich hab das auch bei Ulrike* [einer gemeinsamen Bekannten - Name geändert - P.M.] *gesehen, wie lange die versucht hat, die Verletzung in sich zu versöhnen.*
Vielleicht weil Kirche mit all` dem Guten assoziiert war, für das mal unser Herz geschlagen hat. Aber all` die Organisationen, die sich um das religiöse Bedürfnis von Menschen ranken, sind doch ausnahmslos mehr oder weniger faschistoide Haufen. ....

Ich werd` mich da nicht mehr binden - wenn Religiosität verbindet, ist das gut, über Formen und die Interpretation von „Wahrheit" werde ich nicht mehr streiten. Wie die Klerikalen in Lürich sich verhalten, ist: (jetzt kommt ein Bild: ein Knochen, darüber ein Totenschädel und zwei einschlagende Blitze!) *Aber war das anders zu erwarten? Fairness? Nicht bei Kirchens!"*

In diesem Sinne grüße ich Dich
als kirchliche Ausnahmeerscheinung!

Dein Paul

VERPFLICHTET VERFLOCHTEN?

Willst Du weiter Deine Zeit verschwenden,
jenen schenken, die sich gläubig blenden
und mit Heil-in-Kirche sich betuchen,
um es nie mit Umkehr zu versuchen?

Willst Du denen weiter Dich verpfänden,
die sich Dir voll Sympathie zuwenden,
funktionierst Du, aber die Dir fluchen,
bringst Du Lebensbrot nicht Glaubenskuchen?

Willst Du weiterhin nicht off `nen Händen
ab und zu empfangsbereit Dich spenden,
sondern werkgerichtet die aufsuchen,
die Dich selbstger(a)echt bei sich verbuchen?

Viele Jugendliche haben resigniert

Leserbrief zum Interview der Jugendpfarrerin Anneliese Gluckenturm über „Jugend und Kirche" vom 07.06.2003 in der Lüricher Zeitung

Auf die Frage: „Welche Gruppierungen werden künftig im wiedereröffneten Jugendbereich des Bonhoefferhauses ein Zuhause finden?" antwortete die Jugendpfarrerin der Ev. KG Lürich, Frau Gluckenturm: „Alle, die bisher auch dort zuhause waren ..."

Dies ist schlichtweg falsch und muss - der Wahrheit zuliebe - korrigiert werden: Das Mitarbeiterteam des jugendkulturellen Cafe Lila und seine Klientel haben - nach fünfzehn Jahren lebendiger Jugendsozial- und -kulturarbeit - fast alle resigniert aufgegeben. Zu eindeutig waren die versteckten Botschaften der Kirchentragenden an diese zwar sehr kreativen aber oft nicht pflegeleichten Jugendlichen, im Bonhoefferhaus - trotz offizieller gegenteiliger Beteuerung - nicht mehr willkommen zu sein. Die auffallend lange Renovierung in der Schulzeit, das rigorose Alkohol- und Rauchverbot (als primäre Verbotsprophylaxe statt einer sekundären, sozialpädagogisch begleiteten Suchtprophylaxe), die Schließung des Proberaumes für Jugendbands, die Verfügung, bis zum Herbst keine Live-Konzerte mehr zu gestatten und die Jugend-Kultur-Tage nicht mehr in der bewährten Weise stattfinden zu lassen, haben zu jugendlicher Resignation geführt. Die Cafe-Lila-Punk-Szene fühlt sich als „heimatvertrieben" und wird nun wieder durch Lürich vagabundieren. Die Folgen sind noch nicht abzusehen. Sie werden sicherlich auch das Kreisjugendamt beschäftigen, das für die Vergabe der Vollförderung offener Jugendarbeit verantwortlich zeichnet.

Auch Frau Anja Dörr-Schott, Presbyterin und angehende Sozialpädagogin, hat als Honorarkraft ihre engagierte Begleitung der Cafe-Lila-Szene und der Jugend-Kultur-Tage unter den neuen - für sie ebenfalls inakzeptablen - Rahmenbedingungen aufgegeben und ist aus dem Presbyterium ausgeschieden - übrigens schon der fünfte vorzeitige Austritt seit der Wahl von Frau Gluckenturm im Dezember 1999!

(Keine schlechte Quote, vor allem, wenn man bedenkt, wie schwierig es mittlerweile ist, Menschen für das Presbyteramt zu gewinnen!)

Auch weitere Gruppierungen haben im wiedereröffneten Jugendbereich keine Heimat mehr: Die Jugendbands mangels Proberaum, KuMuLi - das Forum für Kunst, Musik und Literatur, das die Jugendkulturtage vorbereitete und durchführte, der jugendliche Dichtertreff, der ins Kuba abwanderte und sich dort als KuBaLit weiter entfaltet und YuKu Inn, die siebzehn Jahre lang aktive Jugend-Kultur-Initiative, deren Wiederbelebung bei der religiös motivierten Neuorientierung vor allem an gemeindlich gebundener Kinder- und Teeny-Arbeit nicht mehr intendiert ist. Auch die sehr beliebten und stark frequentierten Jugendsommerfreizeiten finden schon im zweiten Jahr nicht mehr statt.

Sie mussten offensichtlich den Ferienspielen für Kinder weichen. Ob der Offene Roseggerschultreff für lernbehinderte Schülerinnen und Schüler nach fast zweijähriger Pause wieder eingerichtet wird, ist noch offen. (Der angebotene Termin ist alles andere als einladend! Eine bewährte Taktik subtiler Ausladung!) Die sichtliche Verwischung von offener, staatlich voll geförderter Jugendarbeit, die an Rahmenbedingungen geknüpft ist und explizit religiöse Orientierung untersagt, mit gemeindlich interessegeleiteter Glaubensausrichtung wird in Zukunft sicherlich verhindern, dass das Bonhoefferhaus wieder zu dem Zentrum jugendkultureller Kreativität wird, das es einmal war!?

Veröffentlicht am 17.06.2003 in der Lüricher Zeitung

Virus Qualitätsmanagement?

Stellungnahme zum Leserbrief von Hans Sprinter in den Lüricher Nachrichten vom 16.12.2003

Mit großem Erstaunen habe ich gelesen, was und wie sich Pfarrer Dr. Fürchtegott Großgoschner über Qualitätsmanagement in der sozialen Arbeit geäußert hat. „Beschwörend und karikierend" habe er von einem „Virus Qualitätsmanagement", das aus der Industrie komme, gesprochen und vor „heilloser Arbeit und unglaublicher Papierproduktion" gewarnt, die „nur mit erheblichem Aufwand ein Mehr ein- und desselben, was ohnehin vorhanden ist, produziert, ohne eine Verbesserung zu bewirken."

Und mit noch größerem Erstaunen nahm ich dann den kritischen Leserbrief von Hans Sprinter, einem überaus engagierten evgl. Gemeindeglied, Hauptinitiator des Eine-Welt-Projektes und langjährigem Presbyter, wahr. Regt sich also endlich nicht nur passiver Widerstand (Gemurre, Gemecker, Presbyterschwund), sondern auch aktive öffentliche Widerrede in der evgl. Kirchengemeinde gegen angemaßte pfarrherrliche „General-Total-Autorität" und eine schwer erträgliche Doppelmoral von großspurigen (Ver)Äußerungen und klein-karierten (Ver)Änderungen?

Abgesehen von der typischen Großgoschner`schen Über-treibung weisen seine Ausführungen auf die Notwendigkeit sinnvoller Infragestellung eines Qualitätsmanagement in der sozialen Arbeit hin, wenn sich dieses vor allem in der Produktion zusätzlicher Quantitäten erschöpft und so die bisher schon geleistete Qualität mindert.

Wie sehr hätte ich mir eine solche Einsicht vor drei Jahren gewünscht, als ich an einem Qualitätssicherungprozess in der Jugendarbeit, - verpflichtend auferlegt von der zuschuß-gewährende öffentlichen Hand -, mitarbeitete und zusätzlich noch vom kreiskirchlichen Jugendreferenten in Absprache mit meinem Arbeitgeber gezwungen werden sollte, an einem kirchlichen Projekt zur Qualitätssicherung teilzunehmen, das sich gegenüber dem Staat zu profilieren suchte.

Die jetzt von Dr. Großgoschner karikierte Mehrbelastung sollte mir gleich doppelt aufgebürdet werden - ohne jede Einsicht in die Unsinnigkeit eines solchen Mitarbeiterverschleißes, nur weil man bei Kirchens in verblendeter Überheblichkeit davon überzeugt war, den besseren Weg zu gehen. Da ich mich weigerte, bei einen solchen Unsinn mitzumachen, der tatkräftig und stimmgewaltig von Pfarrer Dr. Großgoschner&Co vorangetrieben wurde, geriet ich in gefährliche Fahrwasser.

Die Folgen sind bekannt: Die Kirchengemeinde verlor einen beliebten, talentierten, einsatzfreudigen und auch kreativ-eigensinnigen Jugendmitarbeiter - wie man mir im Arbeitszeugnis bescheinigte. Wie sehr hätte die jetzige Einsicht des Dr. Großgoschner, natürlich gemildert um seine Selbstperformance, mir damals geholfen, die Übergangskrise zu meistern.

Oder war das gar nicht gewollt? In der Folge erlebte ich noch eine sechsundzwanzig Monate dauernde Odyssee im Ringen mit Großgoschner&Co um ein angemessenes Arbeitszeugnis. Ich wurde immer wieder hingehalten, vom Rechtsanwalt gesetzte Termine wurden mehrfach ignoriert! Und nur die Androhung eines Prozesses führte zum jeweils nächsten Schritt und endlich zum gewünschten Ergebnis. Seit dem 30. Nov. 2003 wartete ich auf das vereinbarte Zeugnis. Am 11. Dezember wurde es mir - ohne jegliche Bestätigung durch ein Einschreiben - einfach in den Briefkasten gesteckt! Vielleicht sollten sich auch die „Kirchenmanager" einmal in einem angemessenen Qualitätsmanagement weiterbilden lassen? Die Zukunft der Kirche sieht nicht gerade rosig aus!

Abgedruckt am 19.12.2003 in den Lüricher Nachrichten

Leserbrief zur Laudatio des Pfr. Dr. Großgoschner zum 25-jährigen Dienstjubiläum des Küsters Uwe Gordon

Sehr geehrte Damen und Herren des Redaktionsausschusses!

Im Folgenden finden Sie meine Reaktion auf die schriftliche Laudatio des Pfarrers Dr. Fürchtegott Großgoschner zum 25-jährigen Dienstjubiläum von Uwe Gordon im Regionalen Gemeindeblatt von Aug./Sept. 2004.

Ich bitte Sie, diese als Leserbrief in Ihrem nächsten Gemeindeblatt abzudrucken:

Tadelloses Tadel-Lob

Graduell
zu hohes Lob
degradiert
tadel-
los!

Paul Modul

Anleitung zur Tadel-Lob-Hudelei

Wer als Chef in die schwierige Lage kommt, einem ungeliebten Mitarbeiter zu seinem 25-jährigen Dienstjubiläum eine Laudatio in der Betriebszeitung halten zu müssen - denn nach 25-jähriger Betriebszugehörigkeit sind die meistens Mitarbeiter vom Chef ungeliebt und vice versa -, der kann sich mit der allseits bewährten Methode der Tadel-Lob-Hudelei elegant behelfen. Er wende ganz einfach die ironisierende Superlativierung des Lobes an, die alles wirklich zu Lobende massiv relativiert und den so Gelobten damit spürbar degradiert.

Er übertreibe das Lob derartig, dass es ein jeder als Tadel-Lob empfindet, ohne etwas dagegen vorbringen zu können – außer der Bewusstmachung dieses äußerst wirksamen Herrschafts-Musters, wogegen sich der Laudator aber mit der Verharm-Losung des von ihm Super(re)lativierten wehren kann. Und als Höhepunkt greife er dann noch die zentrale Schwäche des Jubilars heraus, z.B. seine Unfähigkeit, nein sagen zu können, als ein Handicap, das aber der Firma stets zum Gewinn gereicht habe und damit wahrlich zu loben sei!

Als ein hervorragendes Beispiel für eine gelungene Tadel-Lob-Hudelei sei hier die Laudatio eines leitenden Pfarrers der Ev. KG Lürich auf „seinen" Küster - wie er immer wieder betont - genannt, veröffentlicht im Regionalen Gemeindeblatt vom Aug./Sept. 2004.

Im entscheidenden Abschnitt heißt es: (Zitat)

„Unser Küster ist ein Mann
mit 1 0 0 0 Eigenschaften:

Loyal wie ein guter Minister/
Zuverlässig wie ein VW-Käfer/
Treu wie ein Schäferhund/
Verschwiegen wie ein Goldfisch/
Umsichtig wie ein Leuchtturm/
Nachdenklich wie ein Philosoph/
Aufmerksam wie ein Luchs /
Flexibel wie Fiberglas /
Vielseitig wie ein Multitool/

Der Mann kann alles, das einzige, was er nicht kann: nein sagen. Das ist sein Charme, das ist sein Handicap, denn das ist seine Schwäche, aber das ist unser Gewinn."

Wer sich an weiteren Tadellobhudeleien erfreuen will, sollte sich zukünftig die Artikel des genannten Pfarrers im entsprechenden kirchlichen Publikationsorgan nicht entgehen lassen!

Ü-
ber-
heblich

Erhebst Dich über mich und
hast doch nur das Recht,
Dich mit mir zu
erheben
und
auf
-zu-
richten
und nicht
nach Deinem Bilde
mich überheblich auszurichten.

(geschrieben, als ich selbst einmal wieder Opfer
eines unangreifbar-angriffslustigen Tadellobes war)

Paul Modul

Da ich aus meiner 25-jährigen Tätigkeit bei Kirchens weiß, wie
sehr man sich stets Leserbriefe für das Gemeindeblatt wünschte
und wie selten tatsächlich welche eintrafen, biete ich Ihnen hier
die Gelegenheit einer lebendigen Ausnahme.
Allerdings gehe ich davon aus, dass Sie schon eine große Portion
Mut brauchen, einen solchen Leserbrief zu veröffentlichen. Ob
Sie diesen Mut haben?

Mit freundlichen Grüßen

Paul Modul

*(Natürlich hatten sie nicht einen solchen Mut und so wurde der
Leserbrief nicht veröffentlicht – ich musste ihn selber verbreiten.)*

**Nachdem
sich Küster Uwe Gordon
im folgenden Gemeindeblatt für die
ihm zugefügte Würdigung offiziell bedankt hat:**

Ein vielfach Unterdrückter

Und wenn Du als subtil Unterdrückter
dem eigenen Unterdrücker gegenüber
die fein gewebte Unterdrückung leugnest
und Dich mit diesem eifrig mit-em-pörst,
wenn jemand solche Unterdrückung geißelt,
und Dich sogar mit manch` devoter Geste
bei Deinem Unterdrücker noch bedankst
für manche offiziell gewährte Freundlichkeit,
gemimt zur eigenen Ehre im Rampenlicht,
dann bist Du ein vielfach Unterdrückter.

Brief vom 18.09.2004
an ein resolutes Gemeindeglied

Liebe Frau Flitzky,

nach soviel Zustimmung zu meiner „Anleitung zur
Tadellobhudelei" endlich einmal ein kritischer Brief! Ich
dachte schon, die Kirchengetreuen hüllen sich mir gegenüber
- wie ich es seit Jahren kenne - wieder einmal in ignorantes
Schweigen und maulen nur hinter meinem Rücken! Ich
danke Ihnen für ihre klaren Worte! Nur, haben
Sie denn die beanstandete Laudatio im Gemeindeblatt
wirklich aufmerksam gelesen? Die Laudatio eines
geltungsbedürftigen, sich meist über andere erhebenden
Pfarrers auf Uwe Gordon, einen liebenswürdigen, aber
aggressionsgehemmten Menschen und Küster, dessen
Unfähigkeit zum Neinsagen von etlichen, die „bei Kirchens

was zu melden haben", schamlos ausgenutzt und - wenn es jeweils passte - auch noch deftig ironisiert wurde?

Jahrelang habe ich - im Geist des Jeshua - vergeblich versucht, dagegen an-zu-gehen und an-zu-leben. Doch die Angst bei Uwe Gordon, sich zu wehren, und dann vielleicht heraus gemobbt zu werden, wie es mir ja passiert ist, war zu groß.

Auf diesem Hintergrund klingen die Laudatio-Sätze wie blanker Hohn, vor allem:

„Treu wie ein Schäferhund." Ein Lob, das in der Nazizeit gerne verwandt wurde!

„Verschwiegen wie ein Goldfisch." Ein Fisch ist stumm, nicht verschwiegen. Was sagt man über einen Menschen aus, wenn man dies von ihm behauptet?

„Flexibel wie Fiberglas." Was heißt das anderes, als in jeder Hinsicht verbiegbar!?

Der Höhepunkt der Frechheit ist aber der Passus:

„Der Mann kann alles, das einzige, was er nicht kann: nein sagen. Das ist sein Charme, das ist sein Handicap, denn das ist seine Schwäche – aber das ist unser Gewinn. "

Ich gebe zu, meine Reaktion hat „Biss"- aber - wie die überwältigenden Feedbacks beweisen - habe ich damit vielen aus dem Herzen gesprochen - wenn auch satirisch zugespitzt!

Sie schreiben in Ihrem Brief: *„Aber offensichtlich haben Sie sich vorgenommen, viel Nichtverarbeitetes und Unbewältigtes in den neuen Start mit hinein zu nehmen - und sich so den Neubeginn zu vergiften.*" Mit diesem Statement haben Sie nur zur Hälfte recht: In den drei Jahren seit meiner Trennung von Kirche habe ich in intensiver Trauerarbeit meine Blessuren aus 25jähriger Kirchen-arbeit bearbeitet und bereinigt: Sie bannen mich nicht mehr! Ich kann mich jetzt empören, ohne in schädigender Affektivität hängen zu bleiben.

Was überhaupt nicht geklärt ist: Meine unbewältigte Vergangenheit bei und mit Kirche und ihren subtilen Herrschafts- und Mobbingstrukturen! Dies werde ich jetzt in Angriff nehmen - und zwar zuerst einmal mit dem angekündigten Gedichtband. (Meine letzten 10 Jahre bei Kirchens habe ich nur deshalb „überstanden", weil ich meine Erfahrungen in Gedichten verarbeitet habe. Davon liegen etwa 900 auf Halde und warten - in Auswahl - auf eine angemessene Präsentation!)

Und wenn Sie glauben, dies würde meinen Neubeginn vergiften, so sind Sie arg im Irrtum! Eine Welle der Sympathie begleitet meinen neuen beruflichen Start - unter anderem auch deshalb, weil ich gegenüber einer sich immer mehr deformierenden Kirche klare Worte gewählt habe und wähle!

Zu Ihrer letzten Anmerkung über einen würdigen oder unwürdigen Umgang kann ich Ihnen nur sagen - und viele werden das aus Erfahrung mit mir bestätigen: Ein würdiger Umgang mit Menschen ist mir sehr wichtig!
Wenn ich aber aufgrund unwürdiger Umstände zu scharfen, klaren Worten gezwungen werde, scheue ich sie nicht, auch wenn es zu Konsequenzen führt, wie ich sie schon einmal erlebt habe bei meinem Kirchenabgesang.

Ihrer Bitte, Sie in Zukunft mit meinen Texten zu verschonen, komme ich gerne nach, gebe aber zu bedenken, was Ihnen dann entgeht - z.B. mein Gedichtband: **„Der Geist weh(r)t (sich), wo er will."** Wenn Sie daran trotzdem Interesse haben: Ich würde Ihnen sogar ein Bändchen schenken, als Dank für Ihre Mühe einer kritischen Auseinandersetzung mit mir - und hoffentlich auch mit den Missständen bei Kirchens!

Mit freundlichen Grüßen -
auch an Ihre Familie -

Paul Modul

P.S. Wenn Sie mich besser verstehen wollen, dann engagieren Sie sich doch einmal eine längere Zeit im inneren Kern der Kirchengemeinde. Sie werden sich nach einer Weile sehr wundern!!!

Wer ist nun der Vergifter?

Im

Tadellob getarnt:

Geschickt verspritztes Gift!

Wer davor deutlich warnt,

ist der nun der Vergifter?

(angeregt durch Ihren Brief)

Als faulig angeklagt

Wer   einen faulen   Apfel,

der als   besonders   ausgereift

von allen   angepriesen   wird

als einen   faulen   offenbart,

wird   selbst als   faulig

angeklagt.

Leserbrief vom Februar 2005

**zum
Artikel
„Miteinander
reden ist der Weg"
in der Lüricher Zeitung über die Interreligiöse
Andacht zum Weltreligionstag im Bonhoefferhaus -
nicht abgedruckt
mit der
Begründung
des Chefredakteurs,
der Text wäre für die
Lüricher Leserschaft zu schwierig!**

„Da gibt es also seit 1951 einen Weltreligionstag, dessen Initiatoren sich u.a. wünschten, dass das Miteinander der Religionen von Toleranz und Respekt geprägt sein solle. Dem kann sicherlich jeder wache Zeitgenosse zustimmen, vor allem wenn er - wie ich - vom Wunsch nach einer Ökumene des GEISTES beseelt ist und der These von Hans Küng, dem berühmten kirchlich gemaßregelten Theologen, zustimmt: Kein Weltfriede ohne Religionsfrieden!

Da gibt es also - zu diesem Anlass - eine Einladung der Ev. KG Lürich zu einer interreligiösen Andacht im Bonhoefferhaus, zu der sich auch einige wenige einfinden.
Da gibt es also während dieser Andacht ein religiöses Text- und Gebetspotpourri aus den verschiedenen Weltreligionen mit der sympathischen Begründung der andachtleitenden evgl. Pfarrerin, Frau Gluckenturm, Gott habe viele Namen.
Da gibt es also den Eindruck von Pluralität und Toleranz!

Und spätestens hier reibt sich der kirchenkennende Leser erstaunt die Augen und fragt sich, in welchen scheinheiligen Film er hier gelockt werden soll.

Denn: Für Christen - welcher Couleur auch immer - ist ihr „Glaube an die letztgültige, universale Offenbarung Gottes in Jesus Christus" absolut und exklusiv! Neben ihm gibt es keine anderen Wahrheiten, auch nicht in anderen Religionen. Das gilt verstärkt für Protestanten, die sich auf die Dialektische Theologie von Karl Barth berufen. Dazu gehört auch Dietrich Bonhoeffer, nach dem das Bonhoefferhaus benannt ist!

Da dieser „Exklusivismus" in einer zusammenwachsenden Welt aber immer schwerer zu vermitteln war, haben nachdenkliche Theologen eine inklusive Variante entwickelt, nach der alle anderen Religionen „Hinwege zum offenbarten Christus" sind: Der „verborgene Christus stecke mehr oder weniger in allen Glaubensweisen", sei dort also inklusiv schon vorhanden - also all inclusive! - und zeige sich erst voll entfaltet im Christentum. Das eine solche Sichtweise für andere Religionen nicht annehmbar ist, liegt auf der Hand.

Eine wirkliche Begegnung der Religionen benötigt also als basale Ermöglichung eine pluralistische Sicht. Dies aber ist für fromme Christen aufgrund ihres exklusiven oder auch inklusiven Glaubens fast nicht möglich. Versuchen sie es vereinzelt trotzdem mit einer pluralistischen Religionstheologie, werden sie von ihren Glaubenshütern ausgebremst, verketzert - so wie ich es erfahren habe - oder sogar ausgeschlossen, wie ein mir bekannter Theologe aus Bayern, der aufgrund seiner pluralistisch-theologischen Weite nicht als evgl. Pfarrer ordiniert werden durfte und nun sein Leben als Freier Theologe ohne satte kirchliche Vergütung fristen muss.

„Miteinander reden ist der Weg" - So lautet die Überschrift des Berichtes. Darin wird eine Wahrheit ausgesprochen, zu der man nicht nur medienwirksam bereit sondern auch durch Anerkennung echter Pluralität befähigt sein muss.

Paul Modul

Subtil-Pastorales Mobbing

Leserbrief zum Artikel in den Lüricher Nachrichten: „Mit den Jugendlichen Konzepte entwickeln" vom 03.12.2005 - ungekürzt erschienen am 14.12.2005

Nun hat also das Bonhoefferhaus in Lürich wieder eine neue Jugendleiterin! Seit dem Amtsantritt der Jugendpfarrerin Anneliese Gluckenturm im Jahre 2000 ist sie mittlerweile der fünfte Versuch, kirchliche Jugendarbeit mit staatlicher Finanzierung zu gestalten, nachdem die vier anderen KandidatINNen entweder noch in der Probezeit entlassen wurden oder aufgrund des kirchlichen Druckes entnervt das Handtuch geworfen haben. Der Neuen ist Glück und mehr Erfolg zu wünschen - schon allein wegen der Jugendlichen:
Ob ich ihr aufgrund der Gesamtlage allerdings gratulieren soll - statt ihr zu kondolieren -, weiß ich im Moment noch nicht so genau.
Denn: Die Kirche steht in einem Dilemma, das in der Jugendarbeit stets auf den Knochen der Jugendmitarbeiter ausgetragen wird. Als schrumpfende Sakralinstitution wird sie von der überwältigenden Mehrheit der Jugendlichen mit Gleichgültigkeit betrachtet und in ihren zum Teil überlebten spirituellen Auslaufmodellen schlicht ignoriert.

So ist die Sorge der Kirche verständlich, was wohl aus ihrer Zukunft wird.

Eine breitangelegte zeitgemäße kirchliche Jugendarbeit wäre vonnöten - das aber kostete Geld. Und dies ist die Kirche nicht bereit - und angeblich auch nicht in der Lage - aufzubringen: Ein befremdliches Argument im Angesicht der Notlage ihres enormen Schrumpfungsprozesses!

Nun hat sich die Kirche seit den sechziger Jahren dadurch zu helfen versucht, dass sie sich als Träger staatlich vollfinanzierter „Offener Jugendarbeit" angeboten hat, um so mehr Jugendliche in ihren Dunstkreis zu ziehen. Nur: Die öffentliche Hand hat Rahmenbedingungen festgelegt, nach denen diese Jugendarbeit stattzufinden hat - und dazu gehört auch die Auflage, dass religiöse Jugendarbeit nicht gefördert wird.

Dieser Auflage musste sich auch die Kirche fügen. Sie wäre aber nicht Kirche, wenn sie sich nicht auch hier zu helfen gewusst hätte: Sie verpflichtet offiziell jede/n Jugendmitarbeiter/in, die staatlich geforderten Rahmenbedingungen zu erfüllen und inoffiziell erwartet sie, als religiöser Tendenzbetrieb, von ihm/ihr ein diffuses, nicht näher festgelegtes Maß an kirchlich-religiösem Engagement, dass sich unter anderem an der steigenden Zahl jugendlicher Gottesdienstbesucher messen lassen soll. Ihr Wunsch ist zwar verständlich, ihr Anspruch aber krankmachend.

Denn egal wie kirchlich engagiert ein Jugendmitarbeiter ist, egal was er alles auf die Beine stellt, vor den selten direkt ausgesprochenen, aber um so lebendiger herumgeisternden kirchlichen (Über)-Erwartungen kann keiner bestehen. Und so wird er früher oder später das erleben, was es nur bei Kirchens gibt, eine besondere Form von Mobbing, das, was ich SPasMo nenne: Sutil-Pastorales Mobbing - ein seelsorgerlich sich gebärdendes Wechselbad von Zuckerbrot und Peitschenhieb, oder genauer: Zuckerhieb und Peitschenbrot. Wer unter solchen Bedingungen länger durchhält, muss schon von besonderer Statur sein oder - trotz widriger Umstände - ein lebendiges Interesse am Fortbestand von Kirche haben. Warten wir ab, wie es Susanne Arnold, der Neuen im Bonhoefferhaus, ergehen wird.

(Beim Stellenwechsel muss man immer jene Doppelbotschaft der offiziell verlautbarten Fassadengründe und der inoffiziellen, tatsächlich wirksamen Motivationen sehen, um zu gewahren, warum jemand wirklich geht. Frau Arnold hat nach fünf Jahren erfolgreicher und nach Weiterführung verlangender Jugendarbeit die Stelle gewechselt.)

Subtil-
Pastorales Mobbing
als klerikale Strategie (SPasMo)

Er

stürzt

in mein Büro

und fragt mich,

ganz unvermittelt:

„Mensch, was nervt Dich

denn bloß an unserer Kirche so?"

Ich zögere mit der Antwort: Wo

soll ich beginnen mit den Gründen,

um aus dem Labyrinth zu finden?

Die Frage meint er nur rhetorisch!

Schon überfällt er mich euphorisch

mit lauter Selbst-Rechtfertigungen.

Und prompt ist wieder ihm misslungen,

- ganz ohne Kle-ri-ka(h)l - Al-lü-ren -

ein Frei-Gespräch mit mir zu führen.

Mein Eindruck sagt, er wollt` auch nicht

die Antwort hören. Mein Verzicht

auf sein Geschwätz war eingeplant.

So hat er sich den Weg gebahnt,

dem Gremium zu suggerieren:

Mit mir wär` kein Gespräch zu führen!

Offener Brief an einen Superintendenten
vom 05.11.2012

Verehrter Herr Superintendent Sonich!

Mit Befremden las ich
heute in der Tageszeitung
das Zitat aus Ihrer Predigt zum
175. jährigen Bestehen
des Kirchenkreises
Lürich:

Als
„freie Christen,
die sich einzig und allein
seiner Liebe
unterwerfen,
nehmen
wir das
alles
nicht hin",
sei eine Erkenntnis
d e r R e f o r m a t i o n.
[siehe Seite 8 in diesem Skript]
Was ist das für ein Geist,
in dem man sich „der Liebe unterwirft"?
Unter diesem Geist habe ich als Mitarbeiter der
evgl. KG Lürich 25 Jahre lang gelitten,
bevor ich im Jahre 2001
R-**AUSGEFLOGEN** bin.
Wie kann man sich bloß der Liebe unterwerfen,
anstatt sich ihr in die Arme zu werfen
und sich von ihr tragen zu lassen?
Reformatorisches Christentum
atmet aber in der Praxis diesen
subtilen Liebes-Unterwerfungs-Geist,
den Sie in ihrer Predigt „vertont" haben.

Was hat das mit wahrer Kirche zu tun?
Ihr entspräche ein integrales trans-
formatorisches Christsein (wie
es die protestantischen Theologen
W. + M. Küstenmacher/T. Haberer
in dem Buch „Gott 9.0" beschreiben)
ohne Unterwerfungslyrik in einem
Aufrichtungs- statt Ausrichtungsgeist.
In eine solche Kirche würde ich nach meinem
Austritt aus der Ihrigen auch wieder eintreten!

Mit freundlichen Grüßen

Paul Modul

(Bis heute - 01.Februar 2016 - habe ich keine Antwort erhalten!)

Lebt es doch einfach vor!

Lebt uns die Bergpredigt vor
im heit`ren Glauben an den Gott,
dem Ihr am Sonntag leiht das Ohr,
vielleicht auch `mal im Alltagstrott.

Wir werden Euch dann schon vertrauen,
wenn Ihr die Nächstenliebe lebt, und
sicherlich auch darauf schauen,
woraus Ihr solch` ein
Leben webt.

Doch
lasst in Ruh`
uns mit den Phrasen,
in denen Ihr Euch gläubig zeigt!
Tragt nicht zu hoch die Christennasen,
sonst habt Ihr bald bei uns vergeigt!

Kirchen-Wandel

Euere Kirche?
Sie vergreist und stirbt
langsam vor sich hin. Nötig wär`
ein Neubeginn, der nicht wieder nur vereist.
Keine Reformation, denn die hatten wir schon!
Was Euch nottut, ist Verwandlung:
Eine Transformation!
Keine Radikalbehandlung,
sondern lauschen auf den Ton
im verwandelnden Schweigen.
Macht Euch diesen doch zu eigen!
Aus dem stillenden Gewahren
aufersteht-Euch-vor-dem-Tode,
jetztseits aller Kirchenmode,
ein authentisches Gebaren
und ein aufrichtendes Streben,
Menschen-Menschlichkeit zu weben.

KIRCHE IST NICHT MEHR ZU RETTEN!

Man
kann in
dieser Kirche
längst nichts mehr retten,
sondern nur sich noch und andere vor ihr!
Denn Kirche, das ist eine Praxis, die blind macht,
um führen, die krank macht, um heilen
zu können, die in Nöten
hilft, die man
ohne sie
gar nicht hätte;
das Gängeln derer,
die noch immer glauben,
durch jene, die es nicht mehr tun.

Karlheinz Deschner

(In: Der gefälschte Glaube, München 1988/1991, S. 209-Schlußsatz)

Ausklang

Ein wichtiges Standbein meiner sozialpädagogischen Arbeit war meine Jugend-Musikarbeit. Seit 1989 schrieb und komponierte ich Music-Textivals, die ich mit den Jugendbands „Paxophon" und „Vetorex" und dem Gesangsensemble „Salvaton" einstudierte, in verschiedenen Kirchen, in Gemeindehäusern, bei Eine-Welt-Tagen, auf Rügenfreizeit-Tourneen und während der Deutschen Evangelischen Kirchentage DEKT aufführte.

Den ersten drei liegen bewegende Schicksalsbücher zugrunde:

GesineWagner: Im Feuer ist mein Leben verbrannt. 1990
Musikalische Besinnung über Leben, Leiden und Sterben der Gesine Wagner nach dem Starfighter-Absturz in Frankfurt Pfingsten 1983. Sie stützt sich auf das gleichnamige Buch.

Etty Hillesum ... trotzdem Ja zum Leben sagen! 1992
Musik-Text-Collage über den Leidensweg der Etty Hillesum als gelebte Antwort auf die Sinnfrage. Sie präsentiert Texte aus dem Tagebuch der in Auschwitz ermordeten niederländischen Jüdin Etty Hillesum: „Das denkende Herz der Baracke"

Martin Gray: Der Schrei nach Leben 1994
Musik-Text-Collage über den Menschen-Kreuzweg des Martin Gray. Ihr liegen Texte aus den Büchern des polnischen Juden Martin Gray zugrunde: „Der Schrei nach Leben" und „Des Lebens Ruf an uns wird niemals enden!"

Die folgenden sind „Eigengewächse" und werden wahrscheinlich noch in diesem Jahr in der Edition LOS veröffentlicht:

LASSE LOS: SEID IHR NOCH ZU RETTEN? MUSIC-TEXTIVALS

Seid ihr noch zu retten? 1995
Ein ökologisches Gleichnis

Umkehr-Kur(s) Oder: Ein Mensch kehrt um! 1996
Ein Gleichnis über die Umkehr eines Menschen

<h2 style="text-align:center">Nachtrag:</h2>

<h3 style="text-align:center">Redebeitrag
zur Ordinationsnachfeier
von Pfarrer Ulrich Lanzky (1995)</h3>

Liebe Gemeinde, lieber Ulrich!

Vor fast fünf Jahren hast Du, lieber Ulrich, hier in dieser Gemeinde ein Gemeindepraktikum absolviert. Während einer gemeinsamen Konfirmandenfreizeit habe ich Dich näher kennen und schätzen gelernt. Erinnerst Du Dich noch an die junge engagierte Konfirmandin, die in einem Rollenspiel um die Überwindung eines zu engen, kindlichen Gottesbildes rang? Wir haben beide versucht, ihr zu einer befreiten Sicht zu verhelfen. Ich habe damals Dein pädagogisches Gespür, Deine einfühlsame Sensibilität für einen jungen Menschen und Deine theologische Weite bewundert. Erinnerst Du Dich noch, wie gelöst die junge Konfirmandin war, als der einengende Knoten platzte?

Einige Tage nach der Freizeit erhielt ich einem Brief der Mutter, in dem sie sich bei mir für diese „Befreiungsarbeit" herzlich bedankte. Ihre Tochter sei sehr fröhlich und entlastet nachhause gekommen und habe ihr damit eine große Freude bereitet. Der Dank gilt auch Dir, lieber Ulrich!

In Deinem Vikariat hast Du auch Religionsunterricht an der Berufsschule und am Gymnasium erteilt. Die Rückmeldungen bei Jugendlichen, die sich auch in unserer Jugendarbeit betätigen, sind durchweg positiv bis manchmal sogar begeistert. Bei einem Pfarrer mit Deiner Menschenfreundlichkeit und Deiner Ausstrahlung habe ich keine Angst um die Zukunft der schrumpfenden Kirchenlandschaft. *[Hier bin ich allerdings heute – 2016 - anderer Meinung, was die Zukunft der Kirchenschrumpfung angeht!]*

Jetzt, wo Du in die volle Pfarrerexistenz hinein ordiniert bist, werden auch die Versuchungen größer, die jeden, der eine leitende Stellung hat, bedrängen können, so auch Pfarrer: Aufgeblähte Egomanie, arrogante Besserwisserei und die Aufgeblasenheit, die sich über andere erhebt.

Ich wünsche Dir, dass Du Dich vor all` diesen Versuchungen hütest und die Augenhöhe zu allen Menschen bewahrst, vor allem zu den Mitarbeiterinnen und Mitarbeitern, die sich nicht mit dem Pfarrerrang zieren können. Denn nur so lässt sich ein befreiendes Miteinander leben. Doch ich hoffe, dass Du um diese Versuchung weißt und ihr nicht erliegst, falls doch, werde ich Dich freundschaftlich „beißen"!

(Im Anschluss daran überreichte ich ihm als Buchpräsent das Werk von „Karl Jaspers: Der philosophische Glaube".   Ob er es gelesen hat, weiß ich nicht, er hat sich mir gegenüber dazu nie geäußert!)

Paul Modul

P.S.: Im August 2015 trat Ulrich Lanzky, mittlerweile mit Doktorgrad, die Nachfolge in der Pfarrstelle von Pfrln Anneliese Gluckenturm an. Wie er sich dort entwickeln und entfalten wird, ist offen. Hoffentlich verliert er nicht im Laufe der Jahre seine mitmenschliche Zugewandtheit zu seinen noch verbliebenen „Schäfchen"!

Zur aktuellen Flüchtlingsproblematik 2016

Als in Lürich Mitte 1986 die Asylbewerberzahlen kräftig anstiegen, vor allem mit Flüchtlingen aus Sri Lanka und Bangladesh, überlegte ich, wie in der Jugendarbeit darauf zu antworten sei. Mit einem interessierten Bekannten gründete ich die Iniative **„Jugend aktiv-für-Asyl",** in der sich nach kurzer Zeit etliche Jugendliche engagierten. Wir richteten einen Treff für Asylbewerber ein, machten verschiedene Aktionen mit ihnen und nahmen mit Beiträgen am „Tag des Flüchtlings" teil. Außerdem erklärte ich mich bereit, mein Jugendbüro mit einer Sozialpädagogin zu teilen, der eine hauptamtliche Stelle für Asylberatung eingerichtet wurde.
Eine solche Jugendinitiative wäre heute wieder dringend nötig!

Ein Kuriosum: Die Cafe-Borderline Karnevalgesellschaft

Als sich Anfang der 80er Jahre die erste Punk-Szene in Lürich entwickelte, tauchten immer mehr Punk-Szene-Anhänger in unserer alkohol- und raucherfreien Teestube auf und versuchten diese in ihrem Sinne mit ostentativem Rauchen und Bierkonsum umzufunktionieren. Um Hausverbotsaktionen zu verhindern und dieser Szene auch eine Möglichkeit zu schaffen, sich mit ihresgleichen zu treffen, ermöglichte ich ihnen mit Hilfe eines angehenden Sozialpädagogen, ihren eigenen Punk-Szene-Treff, das sogenannte „Cafe Borderline", zu etablieren. Daraus entfaltete sich die Cafe-Borderline-Karnevalsgesellschaft mit jährlichen punkig-alternativen Karnevalssitzungen. In diesem Jahr 2016 feierte sie ihr 30jähriges Bestehen. Sie ist die einzige Initiative, die aus meiner Jugendarbeit noch weiter wirkt!

Eine unglückliche Namensbeschneidung

„Der langjährige Jugend(beg)leiter P.M. in der Offenen Jugendeinrichtung Bonhoefferhaus schreibt zum Leserbrief von Frau Else Flitzky vom 08.01.2016:

Dem Befremden, das Frau Flitzky in ihrem Leserbrief über die Namenskastration von „Bonhoefferhaus in B. Haus" äußert, kann ich nur zustimmen. Was Frau Flitzky als wachem Gemeindeglied der evgl. Kirchengemeinde Lürich aber wohl entgangen ist: Meine vierte Nachfolgerin in der Leitung der Offenen Jugendeinrichtung Bonhoefferhaus, Frau Susanne Arnold, hat diese Namensänderung im Sommer 2008 vorgenommen, aus welchen Gründen auch immer: Weil es vielleicht jugendgemäßer klang, weil es vielleicht deutlicher vom kirchlich geprägten Bonhoefferhaus abgrenzte, weil es vielleicht die Eigenständigkeit der Jugendarbeit im Bonhoefferhaus als fast vollständig öffentlich finanzierte betonen sollte, weil es vielleicht …???
Ich habe mich damals sehr gewundert, dass die Verantwortlichen in der Großgoschner-Gluckenturm-Ära diese Namenskastration widerspruchslos hin genommen haben. Immerhin ist Bonhoeffer eine wichtige Lichtgestalt in der neueren Kirchengeschichte gewesen. Als Namensgeber des Gemeindezentrums verpflichtet er dazu, in seinem zu tiefst mitmenschlichen Geist zu handeln, was mir während meiner 25jährigen Arbeit mit Jugendlichen und Erwachsenen im Bonhoefferhaus immer als handlungsleitende Auffo(e)rderung diente.
Es wäre dringend zu begrüßen, wenn die heutigen Verantwortlichen die unglückliche Namensbeschneidung, die auch wie B.Ware klingt, rückgängig machen würden. Ansonsten müssten die Zeitungsredakteure bei zukünftiger Bericht-erstattung weiter vom B.Haus berichten, wogegen sich Frau Flitzky entschieden ausgesprochen hat. Dies könnte dann bei versehentlicher Verschiebung des B-Punktes hinter das H zu einer sicherlich nicht gewollten Sinnverschiebung führen! (BH. aus!)"

Erschienen in: Lüricher Nachrichten vom 11.01.2016

Anhang

25 Jahre Kinder-, Jugend- und Erwachsenenarbeit (01.09.1976 – 30.09.2001)

Kurs-, Gruppen- und trefforientierte Kinder- und Jugendarbeit (ab 1976)

➢ Kinder- und Jugendgruppen für alle Altersgruppen

➢ Gruppen- + Treffarbeit mit Hauptschülern und Lehrlingen

➢ Offene Jugend - Treffen - Arbeit in mehreren Jugendtreffs

➢ Konfirmanden-Arbeit in Kursen + Konfirmanden-Freizeiten

➢ Taizé-Fahrten mit Jugendlichen und jungen Erwachsenen: Ostern 1977, Herbstferien 1977 und Ostern 1978

➢ Kindersommerfreizeit in der Südeifel - Sommer 1978

➢ Beratungsarbeit für Jugendliche

➢ Mehrere Gitarrenkurse für Jugendliche

➢ Tanzkreis für Jugendliche (1982 -1990)

➢ Teestube mit Programm (Herbst 1980 - Sept. 85)

➢ Musikgruppen: Band und Chor für Gottesdienstbegleitung (bis Okt. 1988) Neue geistliche Lieder -Musical: „Die Rede des Häuptlings Seattle" -„Elisabeth von Thüringen"

➢ Meditationskreis für Jugendliche

➢ Zwei Meditationskreise für Studenten/Junge Erwachsene

➢ Meditationsseminare für Jugendliche und Erwachsene im Hohen Venn (1980 - 1985)

➢ Besinnungstage mit Religionskursen vom Gymnasium im Hohen Venn

➢ Jugendgottesdienste und Gottesdienste in neuer Gestalt (mehrmals jährlich)

➢ Jugendtage: „Umarme Deine Angst (1983) und „Menschenskinder" (1984) „Jugendtag" (1985) zweitägig mit Jugendgottesdienst und Programm

➢ Sommerfreizeiten für Jugendliche im sonnigen Ausland: 1979 Crkvenica/Adria/Jugoslawien, 1980 Caorle/ Adria/ Italien, 1981 Boulsstrup/Ostsee/Dänemark, 1982 Kiliantelep/ Balaton/Ungarn, 1983 Halbinsel Tihany/ Balaton/ Ungarn,   1984 Hvidberg/ LimfjordDänemark,

- ➤ Gruppenfahrten nach + Seminare im Hohen Venn
- ➤ Mitarbeit im Team bei den Synodalen Ehrenamtler-Seminaren (1981 Traum-Seminar, 1982 Meditationsseminar, 1983 Theologisches Seminar)
- ➤ Kirchentagsbesuche mit älteren Jugendlichen/Erwachsenen (regelmässig alle zwei Jahre ab 1979)
- ➤ Mitarbeit bei: Gemeindebesuchen+-festen, Kreiskirchentag 1982, Sondersynode: Jugendarbeit 1983

Von gruppenorientierter zu projektorientierter Jugendarbeit (ab 1985)

- ➤ Jugend - Ökologie - Initiative mit etlichen Aktionen (Jan. 1985 bis Frühjahr 1993) Aktionen: Altmedikamente, Wertstoffsammlung, gegen Streusalz, gegen FCKW, Umwelttage, Tag der Erde, Aktionen für Mitfahrgelegenheiten, Öffentlichkeitsarbeit, Dokumentation, u.a. Umweltpreise für Dokumentation der Arbeit: 1. Preis - 1987;   2. Preis - 1988
- ➤ Jugend - Öko - Tag am 26.04.1986 mit Filmen, Aktionen und dem Kabarett „Fleddermäuse"
- ➤ Theophil -   Theologisch - Philosophischer Gesprächskreis für Jugendliche (Aug 1985 - Jan.1988)
- ➤ YuKu Inn - Jugend - Kultur - Initiative (1986 – Febr. 2002) mit jugendkulturellem Programm
- ➤ Musikgruppe: Band und Ökumenischer Jugendchor für Gottesdienstbegleitung (bis Okt. 1988) - Neue geistliche Lieder, Musical:„Rede des Häuptlings Seattle"-1986 - „Elisabeth von Thüringen"-1988
- ➤ Paxophon: Band und Gesangsensemble   (seit Sep. 1988 - Gottesdienste, Aktionstage und Kirchentage)
- ➤ Cafe Borderline: Erstes Punk - Szene - Jugend - Cafe (Frühjahr 1984 - bis Juli 1986)

- ➢ Cafe Lila: Subkulturelles Jugend - Cafe mit Programm (Febr. 1989 bis Febr. 2003)
- ➢ Jugend-aktiv-für-Asyl (Febr. 1987 - Aug 1989) mit Treff für Asylbewerber und Aktionen
- ➢ Kinder-Zirkus (Sommer 1985 - Herbst 1989) mit vielen Auftritten (geleitet von einer hauptamtlichen Kollegin)
- ➢ KiKu Inn - Kinder-Kultur-Initiative (Kinderprogramm) 1988/89   (geleitet von einer hauptamtlichen Kollegin)
- ➢ Theatergruppe für ältere Jugendliche (Mai 1985 – Juli 1986)
- ➢ Video-Gruppe für Jugendliche (Jan.1987 - Nov. 1988)
- ➢ Gruppenfahrten ins Hohes Venn
- ➢ Sommerfreizeiten mit Jugendlichen ins sonnige Ausland: 1985 Calvi/Korsika // 1986 Insel Aero/Ostsee/Dänemark // 1987 St.Ambrogio/ Korsika// 1988 Sardinien // 1989 Agard-see/ Ungarn,
- ➢ Gesprächskreis für Erwachsene (Herbst 1985 - März 2001)
- ➢ Kirchentagsbesuche mit älteren Jugendlichen/ Erwachsenen (regelmässig alle zwei Jahre)
- ➢ Besinnungstage mit Hauptschülern als Gruppenfahrten (1989, 2 x 4 Tage)

Offene   Jugend-Einrichtung Bonhoefferhaus (seit 1990)

(Mit öffentlicher Förderung: Umbau auf offene Kinder- und Jugendarbeit)

Jugend-Ökologie-Arbeit:

- ➢ Jugend-Ökologie-Initiative mit Öko-Aktionen und zwei Umwelt-preisen (Jan. 1985 - Frühjahr 1993)

Jugend-Sozial-Arbeit:

- ➢ Cafe Lila: Subkulturelles Jugendcafe mit Programm (Febr.1989 bis Febr. 2003)

➢ Offener Roseggerschul-Treff seit Juni 1999 für Schüler der
Roseggerschule (Förderschule für Lernbehinderte)

Jugend-Kultur-Arbeit:

➢ YuKu Inn - Jugendkulturinitiative: Jugendkulturelles
Angebot (Febr. 1986 – Febr. 2002)

➢ YuKu Inn – Kultur-Cafe mit jugendkulturellem Programm
(seit April 1997 – Okt. 2001

➢ KuMuLi: Forum für Kunst, Literatur und Musik: Angebot
von Jugendkulturtagen (seit 1998 - 2001)

➢ Jugendkulturtage: zweimal jährlich
(1998 Living Art - 1999/1 Out-of-Frame -1999/2 Eyezeit,
2000/1 ARTiSCHOCKe - 2000/2 Hinz und Kunst – Hin zur
Kunst - 2001/1 Mindstrip)

➢ Literatur-Kreis für Jugendliche (Jan 1996 – Mai 1997)

➢ Literaten-Treff für jugendliche DichterINNEN
(seit Herbst 2000 - Sept.2001)

➢ Magic-Karten-Treff für jugendliche Magic-Kartenspieler
(seit Herbst 2000)

Jugend-Musik-Arbeit:

➢ PAXOPHON: Band und Gesangsensemble für Music-
Textivals: (seit Sept.1988) 1989 „Don Bosco: Ich schenke
Euch mein Leben" - 1990 „Gesine Wagner: Im Feuer ist
mein Leben verbrannt!"- DEKT`91/Ruhrgebiet* - 1992
„Etty Hillesum: ...trotzdem Ja zum Leben sagen!" - DEKT
1993 / München*
1995 „Seid Ihr noch zu retten?" DEKT`97 / Leipzig* -
1996 „Umkehr-Kur(s)" oder „Ein Mensch kehrt um!"-
1997 „In allen Farben singen" - 1998 „Zurück ins Glück"
oder:„Wege aus dem Glücksinfarkt" 1999„Befreiter leben!"

➢ VETOREX: Band für Music-Textivals (Okt. 1990 – Nov.
1997) 1992 „Die Fotografin" - 1994 „Martin Gray: Der
Schrei nach Leben" - 1996 „Fremde werden Freunde" -
Kindermusical

➢ SALVATON: Gesangsensemble für Music-Textivals (seit
1995) Mitarbeit bei allen Music-Textivals

- ➢ Edition AMATON : Amateurtonstudio zur Music-Textival-Aufnahme; Musikkassetten-Herstellung
- ➢ JUGEND-BANDS: FUSION OF ZAUSCH - Jazz-Rock-Band (1994 – 1996)// INSANIAS- Mädchen-Punk-Band seit 1996 // STRAWBERRY PICNICS - Folk-Rock-Band (1996 – 1998)// COSMIC CARBONE ACID -Funk-Band (März 1997 - Okt. 1998)// ENCHAN - Punk-Rock-Band - seit 2000// FUNNY WITHOUT MONEY - Mädchen-Punk-Rock-Band, seit 2001

Jugend-Sommerfreizeit-Arbeit:
- ➢ Jährliche Sommerfreizeiten mit Jugendlichen im sonnigen Ausland (35 - 50 Pers.)
  1990 St.Ambrogio/Mittelmeer/Korsika -1991 Wadahl/ Norwegen, 1992 Kanufreizeit/Südfrankreich, 1998 Insel Elba, 1999 Idrosee/Italien, 2000 Arguelles sur Mer/Südfrankreich, 2001 Balaton/ Ungarn
- ➢ Tournee-Freizeiten auf der Insel Rügen/Baabe mit Music-Textival-Aufführungen.
  1995 „Martin Gray: Der Schrei nach Leben", 1996 „Seid Ihr noch zu retten?" 1997 „Umkehr-Kur(s)" oder „Ein Mensch kehrt um!"

Jugend-Beratungs-Arbeit:
- ➢ Beratung für Jugendliche in allen Problem- und Konfliktlagen
- ➢ Beratung für angehende Kriegsdienstverweigerer
- ➢ PraktikantINNen-Begleitung bei verschiedenen Praktikas

Offene Kinderarbeit:
- ➢ Kinder-treffen-Kinder: Offener Kindertreff für 7 – 11 jährige (seit Sommer `97)
- ➢ Kinder aus aller Welt – Offener Treff für Kinder aus aller Welt (seit Sommer `97) in Zusammenarbeit mit der Asylberatung
- ➢ Offener Teenie-Treff für 11 – 13jährige (Sommer 1997 – Dez. 1999)

Konfirmandenarbeit in Kursen und auf Freizeiten
(seit1976 - Sommer 2000)

Erwachsenen-Arbeit: Gesprächskreis für Erwachsene
(seit 1985 - März 2001)

(* DEKT = Deutscher Evangelischer Kirchen-Tag)

Inhaltsverzeichnis

8. Texte:

Anmerkungen

(1) **In dem Brief:** „**Als ich das bessere Leben suchte …**"
habe ich einen „Gottestraum" etwas variiert. In meinem tatsächlichen
Traum traten alle drei Mit-Akteure als dunkle, angstvolle Gestalten
auf. Da sowohl die Leugnung umfassender WIRKLICHKEIT als auch
die Gleichgültigkeit ihr gegenüber Masken der Angst sind, habe ich die
Gestalten ihre jeweilige Rolle als Atheist und Gleichgültiger spielen
lassen. An der Lysis des Traumes hat sich dadurch nichts verändert!

(2) „**Träume sind besondere Schäume**" und (3) „**Wem willst
Du Dich anvertrauen?**" sind zusammen mit (1) erschienen in:
Lasse Los: Im Staunen bin ich frei gesetzt - Gedichte, Lieder,
Texte 2001 - Neuauflage 2015 BoD, Norderstedt

In der Reihe Edition LOS sind außerdem erschienen:

Band 1: Lasse Los: Im Staunen bin ich frei gesetzt

Gedichte, Lieder, Texte - 1. Auflage 2001 -   Neuauflage 2015

BoD, Norderstedt   als Paperback € 4,70

Band 2: Lasse Los: Verwundert

Heilsames Misslingen – Testlauf in der Kunst des Scheiterns   -
Gedichte und Briefe - 2001[1] -   Erweiterte Neuauflage 2016

BoD, Norderstedt   als Paperback € 6,70

Mein Kirchen-Intermezzo

Ich kam,

sah und siechte und ging, als ich ver- **siegte!**

Paul Modul